普通高等学校小学教育专业系列教材

写作教程

（第二版）

主　编　赵晓丹

副主编　姜迎旭　周　莹　赵晓强

复旦大学出版社

复旦学前云平台
数字化教学支持说明

　　为提高教学服务水平，促进课程立体化建设，复旦大学出版社学前教育分社建设了"复旦学前云平台"，为师生提供丰富的课程配套资源，可通过"电脑端"和"手机端"查看、获取。

 【电脑端】

　　电脑端资源包括 PPT 课件、电子教案、习题答案、课程大纲、音频、视频等内容。可登录"复旦学前云平台"www.fudanxueqian.com 浏览、下载。

　　Step 1　登录网站"复旦学前云平台"www.fudanxueqian.com，点击右上角"登录 / 注册"，使用手机号注册。

　　Step 2　在"搜索"栏输入相关书名，找到该书，点击进入。

　　Step 3　点击【配套资源】中的"下载"（首次使用需输入教师信息），即可下载。音频、视频内容可通过搜索该书【视听包】在线浏览。

📱 **【手机端】**

PPT 课件、音视频、阅读材料：用微信扫描书中二维码即可浏览。

  扫码浏览

📖 **【更多相关资源】**

更多资源，如专家文章、活动设计案例、绘本阅读、环境创设、图书信息等，可关注"幼师宝"微信公众号，搜索、查阅。

平台技术支持热线：029-68518879。

"幼师宝"微信公众号

　　《写作教程》是高校小学教育专业必修的专业基础课,本教材围绕党的二十大报告精神,坚持立德树人的根本任务,引导学生具备教书育人的职业素养,侧重培养学生创新性思维和文化自信,让学生具备基本的写作理论知识,较强的文章评析与写作能力以及指导小学生写作的能力,具有较强的综合性和实践性。

　　本教材结合全国教师资格证考试,是实施教学改革、整合教学内容、提升人才培养质量的一次尝试,以期更好地贴近学生实际需求,帮助学生通过对各类文章写作要领以及语言表达技巧的学习,培养创新性写作思维,全面提升语言文字的实际应用水平。本教材凸显写作训练能力提升,强调语言运用能力的培养,既有文章体裁的训练,又有文学体裁的训练,充分考虑不同学生的知识结构和心理需求。同时,增加国考链接真题解析,实现课证融合,以期在一个更高的层次上帮助学生改善语言文字的表达、交流与沟通能力。同时教材注重与课程思政相连接,以写作基础为核心,以典型例文和课后练习突出具有爱国、感恩、责任等思政元素的内容,培养学生的文化自信,为培养新时代德才兼备的高素质人才奠定基础。

　　基于时代发展及当前小学教学发展需要,我们在本教材的编写上遵循了如下三个原则:

一、师范性原则

　　教学内容和教学要求充分体现师范性原则,强调学生的主体性,让学生成为课堂上的真正主体,积极主动地参与教学全过程,

主动探知，主动寻知，学用结合，学而能用，为今后走上教师岗位打下良好的基础。

二、实践性原则

本教材力求在教学内容、教学方式方法、学习方法指导等方面，强调学生能力的训练，在教学活动设计中精心设置各项训练题目，并结合案例进行解析，充分遵循学生的认知规律和学习特点。

三、发展性原则

鼓励学生在学习的过程中个性化和创造性地进行发挥，提高分析问题、解决问题的能力，在完成任务的过程中交流信息、相互帮助，提高独立思考、逻辑思维、观察判断等能力，为终身学习创造条件。

本教材的编写人员为长期从事小学教育师资培养的一线教师，具有多年的教育教学经验。全书由赵晓丹担任主编，姜迎旭、周莹、赵晓强担任副主编，具体分工如下：第三章、第五章及附录部分由周莹编写，第一章和第四章前四节、第六章由姜迎旭编写，第二章、第四章第五节由赵晓丹编写，第四章教学文书部分案例由赵晓强提供。

本教材在编写过程中，参考了一些同类书籍编纂的有益方法，在此向诸位专家、学者以及相关资料的原创人员致谢，敬请专家、同仁指正。

目录 *Contents*

第一章　写作基础知识

第一节　写作要素

微课：写作四
体之间的关系

写作活动是一个完整的过程,包括写作主体、写作客体、写作载体、写作受体四个要素,这四个要素构成了一个有机的整体。

一、写作主体

写作主体,即进入写作状态的人,也就是我们常说的作者。在写作四要素中,写作主体在写作活动中无疑是居于主导地位的,优美的语句、动人的情感、丰富的想象等都是出自作者之手。

写作主体之所以能占据写作四要素中的主导位置,是因为其必须具有一定的主观能动性和必要的主体修养。首先,写作主体必须热爱写作这项工作,能够自觉地从事写作活动;其次,写作主体需要具备一定的写作素养,这些素养包括思想政治素质、文化素养、感知生活和发现生活的能力、坚强的意志力,等等。

二、写作客体

写作客体实际上就是解决"写什么"的问题,它是指作家所要写作的对象,即一切能够成为写作对象的人、事、景等客观对象。写作客体往往制约、引导着写作主体主观能动性的发挥。

三、写作载体

写作载体就是我们平时所说的文章,通常由主题、材料、结构、语言这四个基本要素构成。它是作者精神创作的产品,是作者思想、情感外在的载体,对于传统的写作活动而言,写

作载体的存在形式主要是纸质媒介，作品往往依托其呈现在世人面前。随着电脑和互联网的日渐普及，电脑及网络作为新的写作载体形式正在受到越来越多的关注。

四、写作受体

写作受体，即写作活动的接受对象，也就是我们常说的读者。作为写作活动中的要素之一，其价值和地位正随着网络时代的到来日益受到人们的重视。

【思考练习】

1. 我们为什么要学习写作？
2. 写作四个要素（四体）之间有怎样的关系？

第二节　写 作 过 程

写作是一个复杂的脑力活动过程，它是由写作主体（作者）在对生活观察、体验的基础之上，综合运用多种能力，将自己的感受、理解付诸文字而形成的一种活动。整个写作过程包括多个阶段，即准备阶段、构思阶段、表达阶段和修改阶段，这几个阶段密切联系、相互依存，构成了一个完整的写作过程。

一、准备阶段

写作过程的准备阶段主要是指积累素材的过程，这对于将要参加国家教师资格证考试的考生来说尤为重要。素材是构成一篇文章的基本要素，如果没有足够的写作材料，任何一个高明的作家也难以写出优秀的作品，俗语"巧妇难为无米之炊"说的就是这个道理。要想在考场上写出好的文章，平时一定要善于积累素材，这样下笔时才会文思泉涌，得心应手。下面来说说积累素材的几个途径。

拓展阅读：
莫泊桑学观察

首先，要留意生活，勤于思考，并随时记下所感所想。歌德说："取材不在远，只消在充实的人生之中。"要写好文章，必须投身于生活，认真地观察生活，把自己的所见、所闻、所感记录下来。要更好地将在生活中观察到的事情恰当地运用到文章中，作者必须有一种"写作意识"，即留意身边所发生的有意义的事情，能引发人思考的事情，这样才能写出好的文章来。

其次,要重视阅读。杜甫说:"读书破万卷,下笔如有神。"但这里所说的阅读不仅仅指读传统的纸质书籍、刊物,还包括电子阅读、电视、电脑等多媒体阅读。阅读是写作的基础,它不仅仅为写作提供表达的范例,教会人们写作的技巧,还能让人开阔视野、积累知识、陶冶情操、丰富语言。只有广泛地阅读,不断地获取信息,才能写出言之有理、言之有据、言之有情的文章来。

随着现代社会的不断发展,阅读方式也发生着翻天覆地的变化,很多人因纸质书不方便携带、买书花销大等弊端,而经常采用电子阅读的方式来获取信息。电子阅读内容更新速度快,便于读者把握社会前沿性、热点性问题,如能将积累的这些素材恰当地应用到文章中,定会给文章增加新的活力。如每年"年度感动中国十大人物"颁布后,许多网站便将每个人物的事迹进行概括性介绍,将颁奖词进行整理,可以说为学生积累了具有时代感的丰富的写作素材。

2021年度感动中国十大人物事迹及颁奖词

三、构思阶段

作者在进行了前期的准备后,便通过积极的思维活动,开始立意、拟题、选材、安排结构,着手进行细致的写作。

(一)立意

立意就是作者的写作意图和思想感情在文章中的集中体现,即文章的主题。古人说"意高则文胜""文以意为主",可见它是一篇文章的灵魂所在,立意决定了文章材料的取舍、构思的确定、表达方法的选择等,是文章成功与否的关键要素。好的作文立意应做到以下五点。

1. 准确

在国家教师资格证作文考试题中,基本以话题作文和材料作文为主,也就是说,在作文题中常常引用一段材料,让考生在确定立意后进行写作。从这一角度说,写好一篇文章的前提便是审题,考生要在充分了解材料内容的基础上进行思考,从而确定自己文章的立意,然后才能动笔写作,这也就要求考生要"吃透"材料,即把材料和题目要求读透、读准。如下面一则考题:

> 有一位大学校长说过:"今后的学生是走入森林的猎人。我们应该教会他们使用猎枪,而不能只让他们带着干粮。"

有的考生在读完材料后将立意确定为"授人以鱼不如授人以渔",这个立意看似十分正确,但仔细分析却很容易发现其中的不妥之处:考生在写作过程中会将大部分篇幅用来论述教给学生方法的重要性,而忽视了知识的传授。正确的立意应该是"知识与方法并重",在教师的实际授课过程中,教师要在给学生传授知识的基础上教给他们学习的方法,单纯从其

中一个方面立意是错误的。

2. 集中

集中就是指作文的立意应当"唯一"，在行文过程中也要做到始终围绕这一个立意来写作，否则就容易将文章"写散"。其实，要使立意集中并不难，在写作时只需记住：与立意直接相关的内容要详写，与立意间接相关的内容略写，与立意无关的内容不写。如下面一则作文材料：

> 德瑞克·朱伯特、贝弗利·朱伯特夫妇是著名的野生动物纪录片制作者，在长达30年追踪野生动物生活的拍摄生涯中，拍摄了25部震撼人心的纪录片，8次获得艾美奖。
>
> 有人曾这样问朱伯特夫妇：当肉食动物在捕杀弱小动物时，你们眼睁睁地看着，不去帮忙吗？
>
> 朱伯特夫妇回答："我们能做的，只能是'无动于衷'。"

这个作文的立意应为"尊重规律"。写作者可以根据材料提炼出"在教育学生上应充分尊重学生成长规律"这一观点进行写作，与这一中心立意相关的材料可以在文章中运用，其他材料无论自己多么喜欢也要摒弃。

3. 健康

这里的健康主要是指文章的思想要健康，从文章的立意所表现出来的作者思想感情一定要是健康的、积极向上的。如下面一则作文材料：

> 社会生活中，欣赏与被欣赏是一种互动的力量之源。欣赏者若具有愉悦之心、仁爱之怀、成人之美之善念，被欣赏者必产生自尊之心、奋进之力、向上之志。因此，学会欣赏应该是一种做人的美德。

根据这则材料，作文应围绕"欣赏是美德"这一中心来立意，但有些作者可能会片面追求"标新立异"，去写不欣赏他人等负面内容，这样就极有可能造成文章立意思想上的不健康。因此，在行文时作者应做到：立意要表现主流思想，思想消极的内容少写或不写，少涉及甚至不涉及社会的阴暗面。

4. 深刻

深刻是就文章思想高度而言的，一篇文章的立意不仅要正确也要深刻，要能够透过现象去挖掘本质，思考出对人生、对社会有意义和有价值的内容。来看下面一则材料及例文：

> 有人说："人生有如三道茶，第一道苦若生命，第二道甜似爱情，第三道淡若微风。"对即将走上教师工作岗位的你来讲，这句话引发了你怎样的联想与思考？

 例文

育人如沏茶

著名作家三毛说："人生有如三道茶，第一道苦若生命，第二道甜似爱情，第三道淡若微风。"人生如同沏茶。水温够了，茶自香；水温不够，难入味。同样，作为教师，我们要提升人生的水温，沏清香四溢的育人之茶。

坚定的信念是动力。"天将降大任于斯人也，必先苦其心志，劳其筋骨，饿其体肤，空乏其身，行拂乱其所为，所以动心忍性，增益其所不能。"人生之旅，举步维艰。酸甜苦辣、喜怒哀乐都在所难免。挫折和苦难对于强者来说是一笔财富，对于弱者来说则是万丈深渊。教师岗位，需要迎着晨雾出门，披着星月回家，其中的艰苦辛酸一言难尽。倘若没有坚定的信念，堆积如山的批改和学生的调皮可能就会把你打垮在追求理想的路上。故而，对于即将走上教师工作岗位的每一位新人来说，都要时刻相信：挫折和苦难都是暂时的，只要我们执着地坚持，将教育的水加热到足够温度，就一定可以孕育出醉人的茶香。

不懈的努力是捷径。只有坚定的信念还不够，要想泡出真正的好茶，还得有不懈的努力。成功没有捷径可循。假如将捷径理解为达到成功最短的距离，那么捷径一定是勤奋，即脚踏实地的奋斗和扎扎实实的努力。美国前国务卿赖斯之所以从一个备受歧视的黑人妇女成为享誉全球的外交家，正是因为她比别人付出了更多的辛劳。凯勒能够从一个聋哑儿童成长为掌握五国语言的著名作家，更是因为她付出了巨大的努力。要想比别人优秀，就要付出更多的努力。经过困苦的煎熬，岁月的浸泡，人生的那杯茶才能够清香四溢。

过硬的实力是保障。"问渠那得清如许，为有源头活水来"，能够将蓝天白云清晰映衬出来的清泉，必有生生不息的活水源头，否则就会像一潭死水，终会走向腐化。"流水不腐，户枢不蠹"，我们要做一条容纳百川、奔腾不息的河，就得让自己的能量之水与流动的知识长河相连，保持其活力与动力。要想沏一杯清香四溢的茶，就得让自己的泡茶之水吸收热量，达到足够的温度。因此，不断学习新的教育教学理念，不断优化教育教学方法，夯实自己的基本功，练就非同一般的本领，才可让茶香持久。

水温够了茶自香，功夫到了自然成。量变达到一定程度必然实现质变。人生如茶，以坚定的信念为基石，以不懈的努力为保障，练就过硬的实力，方能孕育持久的育人茶香。

在这篇文章中，作者根据"人生如茶"深入思考，联系教育工作现实，围绕"育人之茶"这一立意，从"坚定的信念""不懈的努力""过硬的实力"三方面进行论述，深刻论述了教育者在教育过程中所需达到的三种境界，剖析深入，论述具体，说服力强。

5. 新颖

很多时候，由于材料的限制，作者为了追求立意的准确而过于保守，很多人写出来的作

文是千篇一律的,很少有自己的个性色彩,这也造成考场上难出佳作的现象。因此,一篇好文章的立意应是既准确又新颖的。

新颖就是要在提炼中心立意的基础上去发掘其中最新的、最有特色的内涵,并从中发现问题,提取具有时代气息和现实意义的观点。如下面这则作文材料:

"一百分"是现实生活中使用频率极高的一个词语,在学校中,它是对学习者的最高评价。此外,它还是对人、对事物的完美评价。有的人为了获得"一百分"而夙兴夜寐;有的人却视"一百分"为草芥。有时,"一百分"可以成就一个人,有时,它也可以毁掉一个人……真可谓是,一个"一百分",人生百味在其中。

在这则材料里,"一百分"有两层含义:表层意思就是考试时获得了"一百分",是一个分数,是对学习者最高的评价;深层的含义是对人、对事物的完美评价。确定此题立意可从两个方面入手,一是从"建功立业"角度来谈"一百分"的重要性,二是从"功利"角度谈"一百分"对人的束缚,无论从哪个角度来立意,只要言之成理即可。但是,如果立意仅从"一百分"出发来逐步论述,文章就会陷入千篇一律的境地,要想在众多的试卷中脱颖而出,就一定要有所创新。

 例文

<h2 style="text-align:center">百分百天空</h2>

谁不期盼穿越黑暗时的那一抹曙光?
谁不渴求技压群雄时的那一份荣耀?

题记

也许,付出了汗水,并不一定能收获那个日渐成熟的梦;也许,洒下了热血,并不一定能拥有那片火红的风景;也许,黑暗中苦苦地挣扎,并不一定能迎来灿烂的黎明——但我始终相信自己能创造出百分百的人生。

百分百的天空,因为有努力而永恒。

或许你曾认为"一万年太久,只争朝夕"是一句荒诞的话语,或许你曾认为"百分百的人生无懈可击"是一种完美的境地——但你可曾想过一百分对你意味着什么? 只是内心的满足? 只是他人的美慕? 只是毕生的追求? 无论做什么事,只有付出、只有努力才会收获成功的果实。努力让我们积极生活,笑迎苦难,同时也让百分百的天空永恒而深邃。

百分百的天空,因为有经历而完美。

经历是人生的砺石,生命的活力在提炼中释放。经历让我们体验了爱恨情仇,让我们尝遍了酸甜苦辣——一百分已不仅是我们追求的目标,更是我们需要保持的一种习

惯。但是,我们应时刻铭记不被名利困扰,不要让自己的心在名利场迷途。经历让我们懂得了一种处世态度,我们应让自己时刻保持冷静与从容,让自己的天空更完美,更广阔。

百分百的天空,因为有希望而澄澈。

理想是一枚美丽的邮票,为了顺利抵达目的地,必须接受生活的敲打。或许吧,正是希望让我们有动力前行,让我们的前路不至于迷茫,让我们有明确的方向,就像天空般透明、澄澈。对未来的憧憬与向往,让我们对自己的生活充满信心与希望。更为重要的是,不要因为一次"一百分"而亢奋,也不要因为一次失去"一百分"而放弃自己,因为那只是你一时的成就或挫折。

所以说,百分百的人生就是努力过的人生,就是经历过的人生,就是有希望的人生,这样的人生才会无憾可击。百分百的天空=永恒+完美+澄澈,这样的天空才会更高远,更宽广。

文章从"一百分"写起,又不局限于"一百分",从"一百分"到"百分百天空",可谓是"入乎其内,出乎其外",给阅卷者一种耳目一新的感觉。

(二)拟题

俗话说:"好文题一半。"一个好的题目能够充分吸引读者的眼球,让读者在读过题目后展开想象,然后饶有兴趣地读下去。对于考场作文更是这样,好的作文题能够概括文章内容,揭示文章主旨,体现全文思路……因此,拟一个好的题目是写好考场作文的重中之重。

(三)选材

材料是构成文章的基本要素,是作者为了达到写作目的而收集、选取并写入文章的事实或论据。对于一篇文章来说,立意是它的灵魂,结构是它的骨架,而材料便是这其中的血肉。人们常说,写文章七分在技巧,三分在材料,可见选材对于一篇文章成败所起到的关键作用。要使一篇文章内涵丰富,在选材上应做到以下四点。

1. 积累

材料是构成一篇文章的基础,缺乏素材的文章如无源之水、无本之木,毫无生气。要想在应试中写出一篇好的文章,首先应重视平日里的素材积累,要从生活里、书本上、课堂中积累一切有关教学、育人的内容,应准备一个专门的笔记本来积累学习、生活中接触到的与教育相关的名人名言、古诗文句子、教育教学案例等,并对其记准、吃透,尽可能内化为自己的东西,使自己在写作时能做到信手拈来,落笔成文。

2. 丰富

材料丰富是针对文章内容而言的,不同的文体对于丰富的要求也是不一样的。对于记叙文来说,是要对人物的肖像、行动、心理、语言等描写齐全,对于事件的起因、经过、结果叙述完整;对于说明文来说,是要按照一定的顺序将说明的事物各个方面都进行介绍;对于议

论文来说,是要做到"论据充实",论据能充分证明论点,使整个论述过程有理有据。

3. 典型

文章的选材要典型、有意义,要选择那些有代表性的,能给人以启迪或为人提供经验教训的材料,这些材料能够使文章的立意更加的积极向上,而这也正是考场作文评分标准中的一个重要指标。在确定写作立意后,应对所有符合立意的材料一一进行筛选,将那些与主题关系不大、说服力弱的材料剔除,这样留下的材料就是典型的、有代表性、有说服力的材料了。

4. 新颖

任何一个好的作品都是时代的产物,在选材时应尽量避免那些陈旧的、已经无数次被别人用过的材料,要选择那些富有时代特色、生活气息的素材,这样可以给人耳目一新的感觉,文章才可以从众多的文章中脱颖而出。

（四）安排结构

结构是对文章材料的组织与安排,对于一篇文章来说,恰当的选材使它具有了丰富的血肉,而如果没有骨骼的架构,这些血肉也终无用武之地。因此,掌握恰当的行文结构对于文章的成功也起着关键性的作用。

三、表达阶段

马克思说:"语言是思想的直接现实。"人类交流思想的最直接有效的媒介就是语言,一篇文章也是以语言作为载体来反映社会生活,表达作者思想感情的。没有驾驭语言的能力,就无法准确地描绘现实、表达思想、宣泄感情,这些足可以证明语言对于写作的重要意义。

1. 准确通顺

准确通顺是文章语言表达最基本的要求,它主要是指在文章中所使用的语言要符合汉语语法规范,表述条理清晰、连贯、得体。具体来说需要做到以下三点。

第一,遣词造句符合语法规范。首先,用词要准确,在描摹人物、事物时要选择最恰当的词语来描述;其次,要辨析近义词在词义、语法和感情色彩上的细微差别,运用时做到见微知著;再次,要注意造句时要符合现代汉语语法规范,避免出现病句。

第二,要准确把握所描写的对象的特征,使用恰当的语言。如契诃夫在小说《装在套子里的人》中,这样描写别里科夫为了"与世隔绝"而给自己制作出一些所谓安全的"套子":

他只要出门,哪怕天气很好,也总要穿上套鞋,带着雨伞,而且一定穿上暖和的棉大衣。他的伞装在套子里,怀表装在灰色的鹿皮套子里,有时他掏出小折刀削铅笔,那把刀也装在一个小套子里。就是他的脸似乎也装在套子里,因为他总是把脸藏在竖起的衣领里。他戴墨镜,穿绒衣,耳朵里塞着棉花,每当他坐上出租马车,一定吩咐车夫支起车篷。

这里,作者用幽默讽刺的笔触描写主人公别里科夫因害怕新事物而在生活中将自己包裹起来的形象,读起来让人忍俊不禁。作者正是抓住了人物的特性而使用能够准确表现人物特征的语言,才使得别里科夫成为世界文学史上的经典形象。

第三,上下文的衔接要连贯。在写作时,不仅要做到紧紧围绕中心选材,还要注意各个材料之间的衔接,做到有连续性,有条理,有呼应。

2. 形象生动

文章的语言在准确通顺的前提下还应做到形象生动,这样的文章才有文采、有生机、有活力,才能打动和感染读者。

3. 文简事丰

这一点是指在行文时要用尽可能少的文字来表达尽可能多的信息,让读者感到文章虽然篇幅短小却容量巨大。契诃夫说:"简练,是才华的姐妹。"海明威也说:"作品有如冰山,露在水面上的只有八分之一,其余八分之七隐藏在水下。"文章写得过于详细,要交代的事情被读者一览无余,整个文章便如一杯白开水,毫无味道。要使文章简练首先应删繁就简,注重提炼信息,选材时只保留与主旨立意关系密切的材料,删除多余的信息点。其次,行文时要避免空话、套话,不要空发议论。再次,写作时也要做到详略得当。虽然我们提倡语言简练,但有时出于表达的需求对于相关内容需要详细说明,这时就应做到当繁就繁,当简则简。

四、修改阶段

修改是文章写作过程中必不可少的环节(考场作文由于时间和卷面的限制则无此环节),它是指通过改动、增添、删减,从而达到提高文章质量的目的。虽然在应试时无法进行修改,但要想写出好的文章来,平时进行写作练习时的修改是不可或缺的。然而,许多作者却不重视此项工作,究其原因主要就是觉得麻烦,不愿意花费时间进行修改。巴金说:"写到死、改到死,用辛勤的修改来弥补自己作品的漏洞。"左思呕心沥血,十年写成《三都赋》,一时间,洛阳纸贵;曹雪芹创作《红楼梦》"披阅十载,增删五次"。可见,要想提高文章的质量,修改是十分必要且十分重要的。

(一) 修改内容

1. 改变立意

立意是一篇文章的灵魂,它决定了整篇文章的导向,拟题、选材、安排结构等都遵循于它,如果立意上有偏差,那整个写作活动将以失败告终。因此,我们在修改文章时,首先应该仔细斟酌文章的立意,看它是否深刻、集中。俄国伟大的作家列夫·托尔斯泰的《复活》是一部世界文学巨著,这部小说从起草到发表,先后用了十一年的时间,六易其稿,不断地修改、扩大和深化主旨,从道德主题逐渐转向揭露社会问题,对沙皇俄国社会做出了深刻的揭露和批判,并提出了俄国革命需要解决的社会问题。

2．调换题目

好的文章题目首先能够吸引读者眼球，让读者饶有兴趣地读下去；好的文章题目还能揭示文章主题，让读者能清楚地了解作者想要表达的中心。因此，修改文章时要对题目细细考虑，最终选择一个恰当的题目。鲁迅创作《藤野先生》时，原来题目是"吾师藤野先生"，后来因为"吾师"与"先生"内容重复，于是删掉"吾师"二字。

3．增删材料

文章写作不能没有材料，但材料的好坏、多少、与主题的关联程度都影响了文章的质量，在修改时就要围绕中心进行大胆取舍，这样的文章才有意义。例如，在抗美援朝战争中，作家魏巍随志愿军战士来到朝鲜。在朝鲜战场上，他每天都被志愿军战士的英雄事迹感动着。于是，他打算写一篇文章来歌颂抗美援朝战士。在《谁是最可爱的人》初稿中，他选用了二十多个感人事迹，后来，他对初稿进行了反复修改，删去了许多内容，最后只选取了三个事例，分别从革命英雄主义、爱国主义、国际主义三个方面歌颂志愿军战士。改后的文章，材料虽然少了，却更加精炼，也更加感人。

4．调整结构

一篇文章的结构应从段落层次、主次详略、过渡照应、开头结尾等方面来考量，要从宏观出发，整体把握。

5．锤炼语言

语言是文章的载体，是文章能否打动读者的重要条件，修改文章时，一定要在语言锤炼上多下功夫，反复推敲，字斟句酌。唐代齐己《早梅》一诗中有这样一句"前村深雪里，昨夜数枝开"。郑谷认为数枝不能算早，"一枝"才是"早梅"，所以齐己称郑谷为"一字师"。

6．斟酌标点

标点符号是辅助文字记录语言的符号，恰当地使用标点符号，可以使文章表达得清楚正确。郭沫若说过："言文而无标点，在现今是等于人而无眉目。"因此，在文章的修改过程中，一定要重视标点符号的修改。

标点符号的用法如表 1-1：

表 1-1　标点符号的用法

名称	符号	用　　法	举　　例
句号	。	① 表示陈述句末尾的停顿。	沙漠是人类最顽强的自然敌人之一。（竺可桢《向沙漠进军》）
		② 用于语气舒缓的祈使句和感叹句。	① 请您稍候片刻。 ② 最妙的是下点小雪呀。（老舍《济南的冬天》）

续　表

名称	符号	用　　法	举　　例
问号	？	① 用于一般疑问句的末尾。	花儿为什么这样红？（贾祖璋《花儿为什么这样红》）
		② 用于反问句之后。	难道你不了解我吗？
叹号	！	① 用于感叹句末尾。	这是何等可悲哀的事啊！（丰子恺《给我的孩子们》）
		② 用于语气强烈的祈使句末尾。	公平正直的法官！（莎士比亚《威尼斯商人》）
		③ 用于语气强烈的反问句末尾。	我哪里是什么化学家哟！（沙叶新《陈毅市长》）
逗号	，	① 用于句子中主语与谓语之间的停顿。	我们看得见的星星，绝大多数是恒星。（郑文光《宇宙里有些什么》）
		② 用于句子中动词与宾语之间的停顿。	影子告诉他，是一只萤火虫，一只小小的萤火虫。（金波《盲孩子和他的影子》）
		③ 状语在主语前，用于状语与主语之间的停顿。	无论如何，我明天决计要走了。（鲁迅《祝福》）
		④ 复句内各分句之间的停顿，除了有时要用分号外，都要用逗号。	他们的品质是那样的纯洁和高尚，他们的意志是那样的坚韧和刚强，他们的气质是那样的淳朴和谦逊，他们的胸怀是那样的美丽与宽广！（魏巍《谁是最可爱的人》）
顿号	、	① 用于句子内部并列词语之间的停顿。	在马克思看来，科学是一种在历史上起推动作用的、革命的力量。（恩格斯《在马克思墓前的讲话》）
		② 用于序次语之后的停顿。	本章共讲四个问题： 一、写作主体 二、写作客体 三、写作载体 四、写作受体
分号	；	① 用于复句中并列分句之间。	做，要靠想来指导；想，要靠做来证明。
		② 分项说明时表示各项之间的停顿。	中华人民共和国的行政区域划分如下： （一）全国分为省、自治区、直辖市； （二）省、自治区分为自治州、县、自治县、市； （三）县、自治县分为乡、民族乡、镇。 （《中华人民共和国宪法》）
冒号	：	① 用于提示下文。	我们可以把书分为两大类：一类是智慧的，一类是无智慧的。（罗家伦《学问与智慧》）
		② 用于总结上文。	她一手提着竹篮，内中一个破碗，空的；一手拄着一支比她更长的竹竿，下端开了裂：她分明已经纯乎是一个乞丐了。（鲁迅《祝福》）

名称	符号	用　　　法	举　　　例
引号	" "	① 用于文中直接引用的内容。	"满招损，谦受益"这句格言，流传到今天至少有两千年了。
		② 用于着重强调的内容。	以前曾经有一种比较流行的见解，认为中国文化的基本精神是"中庸"。（张岱年《文化传统与民族精神》）
		③ 用于文中具有特殊含义的词语。	于是点上一支烟，再继续写些为"正人君子"之流深恶痛疾的文字。（鲁迅《藤野先生》）
括号	（ ）	① 用于文间的注释。	伊壁鸠鲁主义者——那些信奉伊壁鸠鲁思想的人，认为最高的善就是快乐，但是这种快乐必须是"正确的（善的）"。（希利尔《希利尔讲世界史》）
		② 用于引文的出处或事情发生的时间、地点等。	塘中的月色并不均匀；但光与影有着和谐的旋律，如梵婀玲上奏着的名曲。（朱自清《荷塘月色》）
破折号	——	① 用于句中的解释说明。	那时候，他的七岁男孩和五岁女孩也都知道，离美国远远的地方——中国，有他们的祖父和外祖母在想念着他们。（刘敬智《始终眷恋着祖国》）
		② 表示话题突然转换。	周萍：你是谁？ 鲁侍萍：我是你的——你打的这个人的妈。（曹禺《雷雨》）
		③ 表示声音的延长。	"呜——"火车开动了。
		④ 表示说话的中断或间隔。	"我的朋友们啊，"他说，"我——我——"但是他哽住了，他说不下去了。（都德《最后一课》）
省略号	……	① 表示引文中的省略。	周恩来用命令的口吻说："不要管我！大家要沉着，不要慌张……"（《周恩来：永远的榜样》）
		② 表示列举的省略。	热心肠的船家必然会指点着江山，一路告诉你那些山的来历：什么象鼻山、斗鸡山、磨米山、螺蛳山……大半是由山的形状得到的名字。（杨朔《画山绣水》）
		③ 表示说话断断续续。	这个战士无力地说："周团长……我，不行了，你吃了它……还能走出草地……"（王朝柱《长征》）
书名号	《 》	用于表示书名、篇名、刊物名、报纸名、电影名、电视剧名、歌曲名、音乐名等。	① 他的文章在《人民日报》上发表了。 ② 你读过鲁迅的《祝福》吗？ ③ 今天我和同学一起看了电影《战狼2》。

(二) 修改方法

俗话说:"三分文,七分改。"修改既然如此重要,那修改的方法有哪些呢?

1. 阅读法

阅读法就是边阅读边修改。此时,作者应该站在读者的角度一边阅读,一边思考,一边修改,并且要不止一次地修改,直至满意为止。清代的《退庵随笔》中曾记录"修改一法":"近闻吾乡朱梅崖先生,每一文成,必粘之于壁,逐日熟视,辄去十余字。旬日以后,至万无可去,而后脱稿示人。此皆后学者所法也。"写文章难,改文章更难,这个故事便告诉人们修改的方法及过程。

2. 讨论法

讨论法就是将自己的文章给别人看,广泛听取别人的意见并结合自己的想法将意见进行整合,再对自己的作品进行修改。李沂在《秋星阁诗话》中说:"诗能自改,尚矣。但恐不能自知其病,必资师友之助。妆必待明镜者,妍媸不能自见也。"在这里,李沂用镜子来比喻帮助自己改文章的朋友。因为很多时候,作者是难以发现自己文章中的毛病的,但旁观者清,有时周围的老师、同学或朋友却往往能一针见血地指出自己文章的缺漏。

3. 搁置法

搁置法就是文章在写完之后不要急于修改,因为一般情况下,文章写完之后,作者的思维还停留在原稿上,很多写作上出现的问题当时是不容易看出来的,不如先放置一段时间,再以读者的身份进行检查,就可能会产生许多文章之外的新的认识和体会,这样,最后写出的文章才有可能成为佳作。据传,欧阳修《醉翁亭记》中的首句"环滁皆山也",之所以如此简练地将内容表达出来,就是作者搁置处理的结果。

(三) 修改符号

恰当地使用修改符号,是提高写作水平的重要环节。文字的修改工作,一般是在原稿上进行,因此必须尽量保持整洁。学会使用修改符号可以使文章清晰、文字规整。1981 年 12 月,我国发布了中华人民共和国专业校准 GBI-81《校对符号及其用法》。该标准规定的符号共有 22 种,常用的有以下 15 种(见表 1-2)。

表 1-2　修改符号常见用法

编号	符号名称	符号形态	符号说明	用法示例
1	改正号		表明需要改正错误,把错误之处圈起来,再用引线引到空白处改正。	
2	删除号		表明删除掉。文字少时加圈,文字多时可加框打叉。	

续　表

编号	符号名称	符号形态	符号说明	用法示例
3	增补号		表明增补。文字少时加圈，文字多时可用线画清增补的范围。	要搞好校工作。注意错误。对语法修辞方面的错误。
4	对调号		表明调整颠倒的字、句位置。三曲线的中间部分不调整。	认真经验总结　认真经结总验
5	转移号		表明词语位置的转移。将要转移的部分圈起，并画出引线指向转移部位。	校对工作，提高出版物质量重视
6	接排号		表明两行文字之间应接排，不需另起一行。	本应用文书，语言通畅，但个别之处……
7	另起号		表明要另起一段。需要另起一段的地方，用引线向左延伸到起段的位置。	我们今年完成了任务。明年……
8	移位号	或 或	表明移位的方向。用箭头或凸曲线表示。使用箭头，是表示移至箭头前直线位置；使用凸曲线是表示把符号内的文字移至开口处两短直线位置。	锦州印刷厂　锦州印刷厂
9	排齐号		表明应排列整齐。在行列中不齐的字句上下或左右画出直线。	认真提高提高质量印刷质量，缩短出版周期
10	保留号	△	表明改错、删错后需保留原状。在改错、删错处的上方或下方画出三角符号，并在原删除符号上画两根短线。	认真搞好校对工作 △
11	加空号		表明在字与字、行与行之间加空。符号画在字与字之间的上方；行与行之间的左右处。	要认真修改原稿加强市场调研提高产品质量

续　表

编号	符号名称	符号形态	符 号 说 明	用 法 示 例
12	减空号	∧∧ ⟨ ⟩	表明在字与字、行与行之间减空。符号使用方法同上。	校对　须　知 校对书刊应 注意的问题
13	空字号	⊨	表明空一字距； 表明空 1/2 字距； 表明空 1/3 字距； 表明空 1/4 字距。	第一章应用写作概述
14	角码号		用以改正上、下角码的位置。	α_2 ⟶ 2 16 = 4_2 2
15	分开号	Y	用以分开外文字母。	How are you

【思考练习】

1. 阅读下面的材料,按要求完成作文。

薛谭学讴于秦青,未穷青之技,自谓尽之,遂辞归。秦青弗止,饯于郊衢,抚节悲歌,声振林木,响遏行云。薛谭乃谢,求反,终身不敢言归。

要求:

用规范的现代汉语写作。自定立意,自拟题目,自选文体,不少于800字。

2. 分析下列文段的失误之处,并进行修改。

文段一

所以说,如果我国的教育制度、选材标准不进行改革,经济发展程度达不到一定要求,现在的"减负"只能是治标不治本,"减负"可能带来"增负"。但从国家的可持续发展与当今社会的发展趋势来看,实施素质教育、减轻学生负担是势在必行的。真要"减负"必须从整个教育制度和教学方法来改革,学校、家庭和社会要配合好。否则"减负"了,学生放下包袱,他们轻松了,余下的时间干什么好? 看电视、打游戏机,或在路上三三五五地追逐嬉戏? 如果没有家长、社会的适当引导,缺乏明辨是非能力,控制力不强的学生,将会沉迷于不健康的活动,影响青少年的健康发展。可见为了配合"减负",学校应筹集丰富的阅读图书资料,组建配备专业老师指导的各式兴趣活动小组,建造各类活动开展的场地,此外,国家还要制定相关法律限制或禁止社会上那些对青少年发展不利的活动场所的开设,国家还要向学生家长合理地协助学生"减负"。可喜的是我国的某些地方现已为此做了不少工作。

文段二

其实，"减负"措施的实行也未尝不是件好事，在众多的学校之中，一般都是严格抓紧教育的，故此，学校的要求严格，势必对相当一部分的学生形成一定的压力，过于紧张，从而造成心理的不平衡，有的妒忌他人的成绩而伤害别人，有的受不了父母和学校双方的压力而精神失常，做出一些令人出乎意料的事，更令人震撼的是，伤害的对象是父母。天下间的父母，有谁不希望自己的子女成材，但不可轻视"物极必反"的道理，最终形成的悲剧正由于以上的根源所致。所以说"减负"是必要，起码减轻学生们的学习负担，更减少了内心沉重的压力，平衡他们矛盾的心理。

第三节　表　达　技　巧

一、记叙

记叙指用文字叙述，也记作"叙述"或"记序"。记叙就是对人或事做一些简单的、概括性的叙述、交代。它是记叙文中最基本也是最常见的表达方式。利用叙述的方式来写文章，不论是平实的还是生动的，只要文章内容充实、中心明确、感情真挚、思想健康、语言通顺、结构合理，就一定会成为一篇上乘的佳作。

一般来说，叙述包括时间、地点、人物、事件的起因、经过和结果六个基本要素（也是记叙文的六要素）。随着人们对文学认识的不断深入，文学研究也越来越深刻，记叙也已经从原来浅层次的表达手法上升为作者传递自己思维的方式和艺术表现的方式。综合来看，在叙事视角的选择上以第三人称来进行叙述所占比重最大，其次为第一人称叙述，少有用第二人称进行叙述的。在叙述方法上一般按照叙述的先后顺序可以采用顺叙、倒叙、插叙、补叙等。

（一）记叙六要素

第一要素是时间，一般年、月、日、时尽量要交代清楚，而且应在文章开篇时就交代。时间如果不用年、月、日表示，也可用自然时令或节日表示，还可用景、物去表示。例如，"六月五日""周末的傍晚""暴雨过后""元宵节""当菊花开了的时候""月儿爬上树梢"……都是对时间的交代。

第二要素是地点，一般也应在开头交代，同时还应该写出人物所处的环境，等等。

第三要素是人物，这是记叙文六要素中的重要一环，人物必须交代清楚，因为文章中所写的一切事情都是由人物来完成的。

第四要素是事件的起因，任何的事情都是有原因的，它是整个事件的开头，因此也是必

不可少的。

第五要素是事件的经过,它是构成记叙文的主体,是"六要素"中最为重要的要素,是突出文章主题的主要部分,是着墨最多的地方。因此,对于事件的经过,不仅要交代清楚,还要十分具体地、详细地写。

第六要素是事件的结果,结果是一篇文章是否完整的标志,也是六要素中的重要组成部分。

当然,六要素的安排顺序不是千篇一律的,有时根据情节安排的需要可以调换写作顺序,有时将故事的结果放到文章的开头,设置悬念,以引起读者的阅读兴趣。如何能够使结构安排合理,使情节打动读者,就要靠作者的写作功力了。

(二)记叙的人称

记叙文的人称,表明作者站在什么角度来记写,使读者读起来有个明确的认识。记叙的人称有三种。

1. 第一人称

第一人称,使文章真实生动,便于直抒胸臆,读起来有真实感和亲切感。例如:

> 在人生的道路上,父亲只陪我度过了最初的九年,却在我的记忆中留下了非常深刻的画面,清晰到即使在三十二年之后,父亲的音容笑貌仍仿佛出现在我的眼前。

2. 第二人称

第二人称一般出现在书信体的文章之中,称呼起来比较亲切,便于直抒胸臆。例如:

> 爸爸,你说过,人活着就应该争口气,不管在哪个方面,应该有一技之长,在这个方面没有人能够替代你,那样才能被别人重视,才能活得有滋味。

3. 第三人称

在记叙时运用第三人称是最为普遍的,它是从旁观者的角度出发,客观地展示生活,不受时空限制,有利于自由表达。例如:

> 女人拿起仙人掌仔细地挑选了很久,价格不贵,与花鸟市场上的相比便宜很多,她便挑定了自己喜欢的两盆,准备一起买。

二、描写

描写就是用生动形象的语言文字把人物或景物的状态或情态形象地展示在读者面前的一种方法。描写可以再现自然景色、事物情状,描绘人物的外貌及内心世界,使人物活

动的环境具体化。准确生动的描写，可以让读者在阅读作品时产生一种身临其境的强烈感受。

从不同的角度可以把描写分为不同的类别。例如，从描写方式上可以分为直接描写（正面描写）和间接描写（侧面描写）；从对人物特征的描写上可以分为肖像描写、语言描写、动作描写、神态描写和心理描写；从状态的角度可以分为静态描写和动态描写；从描写的风格上可以分为白描和细描；从环境的角度可以分为自然环境描写和社会环境描写。

（一）描写方式

直接描写：也叫正面描写，是指在文章中从正面描写人物的肖像、行动和心理的描写方法。

间接描写：也叫侧面描写，是指在文学创作中，作者通过对周围人物或环境的描绘来表现所要描写的对象，以使其鲜明突出的一种方法。

在通常情况下，文学作品人物形象的刻画多采用正面描写的手法，即直接通过对人物的肖像、语言、动作、神态、心理等方面的描写，去表现人物的性格、品行和技能。但是，单纯地运用直接描写对人物的表现往往过于单一，如果能恰当地借助一些侧面描写，常常可以起到正面描写无法替代或者很难达到的艺术效果。因此，在一般情况下，优秀的文学作品经常会用到直接描写和间接描写相结合的方法。

如《陌上桑》中对罗敷的描写：

> 青丝为笼系，桂枝为笼钩。头上倭堕髻，耳中明月珠。缃绮为下裙，紫绮为上襦。行者见罗敷，下担捋髭须。少年见罗敷，脱帽著帩头。耕者忘其犁，锄者忘其锄。来归相怨怒，但坐观罗敷。

在这里，作者为表现罗敷的美貌，先运用了排比、夸张等修辞手法对罗敷进行正面描写："青丝为笼系，桂枝为笼钩。头上倭堕髻，耳中明月珠。缃绮为下裙，紫绮为上襦。"这里着力描写罗敷采桑用具的精致、发型的美观、耳环的珍贵、衣着的艳丽，极言她容貌的美丽。如果仅采用这样的正面描写，仍有些模式化，缺少了艺术表现力，也无法引起阅读者的联想。接着，作者运用了侧面描写，使得罗敷的美貌得以充分地展现："行者见罗敷，下担捋髭须。少年见罗敷，脱帽著帩头。耕者忘其犁，锄者忘其锄。来归相怨怒，但坐观罗敷。"这样的侧面描写，不仅富有浓郁的生活气息，更主要的是，它生动而巧妙地烘托了罗敷的美貌，给人以无尽的想象天地，无论认为罗敷怎样的美，也是不过分的。在这里，直接描写与间接描写相结合，激活了人们的想象力，从而产生了强烈的艺术效果。

（二）人物描写

1. 肖像描写

肖像描写是对人物外在的容貌、姿态、神情、服饰等的描写，通过对人物外形的描摹来展示人物的性格特征和精神气质。

例如,雨果在《巴黎圣母院》中的一段描写:

> 更恰当地说,他整个人就是一副怪相:一个大脑袋,红棕色头发竖起,两个肩膀之间耸着偌大的驼背,与其相对应的是前面鸡胸隆凸;大腿与小腿七扭八弯,不成个架势,两腿之间只有膝盖才能靠拢,从正面看去,活像两把月牙形的大镰刀,只有刀把接合在一起,宽大的脚板,巨大无比的手掌。而这样一个畸形身躯,却有着一种难以描状的可怕体态:精力充沛,矫健敏捷,勇气非凡。

在这里,作家先概述卡西莫多整个人就是一副怪相,然后按照由头部到躯干再到四肢的顺序具体刻画了一个奇丑无比的卡西莫多形象。透过奇丑的外在形象的描写,作者还洞察到难以描摹的内在气质:精力充沛,矫健敏捷,勇气非凡。

再如,《红楼梦》中对王熙凤的描写:"一双丹凤三角眼,两弯柳叶吊梢眉,身量苗条,体格风骚,粉面含春威不露,丹唇未启笑先闻。"俗话说"眼睛是心灵的窗户",凤姐的"丹凤眼""柳叶眉"是美丽的,但加上"三角"和"吊梢"却在美丽之中透露出狡猾之态、刁钻之貌和凶狠之气;"苗条"与"风骚"又使凤姐的美更加世俗,更加圆滑,更加世故。"粉面含春威不露",在满面春风之下潜伏着凶狠,在温情脉脉之后暗藏着残暴;"丹唇未启笑先闻"则表明了她工于心计、善于逢迎的性格。

2. 语言描写

语言描写是对人物的对话、独白、语音语调等的描写。语言描写要符合人物性格特征,精妙的语言描写能够展现人物独特的性格和思想。也就是说,塑造典型的人物形象一定要有典型的人物语言。

> 朱老忠听到这一刻,直着眼睛愣了一刻,说:"不要着急,慢慢来吧,我就是为咱这穷哥们来的,不是的话我还不回来呢!目前他在马上,咱在马下,早晚他有下马的一天。出水才看两腿泥!"

这是梁斌在《红旗谱》中对朱老忠的语言描写,"出水才看两腿泥"是主要人物朱老忠的口头禅。这句口头禅在小说中多次出现,反复出现,看似不经意,其实鲜明地体现了他的深谋远虑和坚韧顽强的性格,这便是典型人物的典型语言。

3. 神态描写

神态主要是指脸部的表情,作者通过对人物面部表情的细致描写,从而表现人物的内心情感和性格特征。

例如,茨威格在《象棋的故事》中的一段描写:

> 麦克柯偌尔完全变了样子。他满脸通红，一直红到发根，鼻翼由于内心激动张得大大的，额上冒出豆大的汗珠，一条深深的皱纹从紧咬着的嘴唇向气势汹汹地往前突出的下巴伸展过去……眼里闪烁着一股无法遏制的怒火，这种怒火通常只有赌台旁边的赌徒才有……

这段话中，作者用"满脸通红""鼻翼张得大大的""额上冒出豆大的汗珠"等神态描写将麦克柯偌尔的怒火展现得淋漓尽致。

4. 动作描写

动作描写是对人物富有特征的动作进行描写，从而表现人物的身份、性格、思想、品质、处境等的描写手法。动作描写是展示人物性格，揭示人物内心世界的最有力的手段，因此动作描写必须做到生动、具体、细致，作者在写作时要选择那些最能表现人物思想性格的、有代表性的动作，从而展现特定人物在特定环境下的状态。

例如，曲波在《林海雪原》中的描写：

> 于是他噗嗤一笑，磕了磕吸尽了的烟灰……慢吞吞、笑嘻嘻地吐了一口痰，把嘴一抹说道："……你怎么知道我是共军呢？嗯?! 你说说我这个共军的来历吧！"说着他朝旁边椅子上一坐，掏出他的小烟袋，又抽起烟来。

在这里，作者对杨子荣"笑""磕""吐""抹""说""坐""掏""抽"等一系列动作的描写，把他沉着冷静、从容镇定、大智大勇的性格特征活灵活现地表现了出来。

再如，曹雪芹在《红楼梦》中的描写：

> 刘姥姥……到了荣府大门前石狮子旁边，只见满门口的轿马。刘姥姥不敢过去，掸掸衣服，又教了板儿几句话，然后溜到角门前，只见几个挺胸叠肚、指手画脚的人坐在大门上，说东谈西的。刘姥姥只得蹭上来问："太爷们纳福。"

这段描写中，"挺胸叠肚"的高人一等，与刘姥姥"掸""教""溜""蹭"等动作所体现的窘态形成鲜明的对比，在对等级森严的封建制度的揭示中，不难看出刘姥姥身份的卑贱和地位的低下。

5. 心理描写

心理描写是在特定的环境下对人物的心理状态、思想活动和内心感受的描写。透过心理描写，可以使读者准确了解到人物的所思所想，看到人物的内心世界，突出文章的中心和主题，使文章更加的充实。

例如，高晓声在《陈奂生上城》中的描写：

推开房间,看看照出人影的地板,又站住犹豫:"脱不脱鞋?"一转念,忿忿想道:"出了五块钱呢!"再也不怕脏,大摇大摆走了进去,往弹簧太师椅上一坐:"管它,坐瘪了不关我事,出了五元钱呢。"

这段心理描写非常恰当地将陈奂生患得患失、狭隘自私的小农经济的心理描写了出来。再如,都德在《最后一课》中的描写:

从此,我再也学不到法语了!只能到此为止了⋯⋯我这时是多么后悔啊,后悔过去浪费了光阴,后悔自己逃了学去掏鸟窝,到萨尔河上去滑冰!我那几本书,语法书啦,历史书啦,刚才我还觉得那么讨厌,背在肩膀上显得那么沉,现在就像老朋友一样,叫我舍不得离开。对韩迈尔先生也是这样,一想到他就要离开这儿,从此再也见不到他了,我就忘记了他以前给我的处罚,忘记了他如何用戒尺打我。

这段文字深刻表达了法国孩子们对侵略者强烈憎恨和对祖国无比热爱之情,突出了作品的主题思想。

(三) 状态描写

1. 静态描写

静态描写是指对人物或景物在静止状态下进行描写,来创造具体的感人的形象,从而也寄托了作者的情感。

例如,路遥在《人生》中对高加林的一段静态描写:

他的裸体是很健美的,修长的身材,没有体力劳动留下的任何印记,但又很壮实,看得出他进行过规范的体育锻炼。脸上的皮肤稍有点黑;高鼻梁,大花眼,两道剑眉特别耐看。头发是乱蓬蓬的,但并不是不讲究,而是专门讲究这个样子。他是英俊的,尤其是他在沉思和皱眉头的时候,更显示出一种很有魅力的男性美。

这个集中笔墨的静态描写,将读者的注意力一下子集中到这个人物身上,给读者留下清晰、完整、深刻的印象。

2. 动态描写

动态描写是指对人物或景物在运动状态下进行描写,从而使形象具体、栩栩如生。

例如,萧红在《火烧云》中的描写:

一会儿,天空出现一匹马,马头向南,马尾向西。马是跪着的,像等人骑上它的背,它才站起来似的。过了两三秒钟,那匹马大起来了,腿伸开了,脖子也长了,尾巴可不见了。看的人正在寻找马尾巴,那匹马变模糊了。

作者在这段动态描写中把火烧云形状的变化多端淋漓尽致地表现了出来。

（四）描写风格

1. 白描

白描本是中国画技法之一，指单用墨色线条勾描形象而不施色彩的画法。用在文学创作中也成为文学表现手法之一，是指用最简单的笔墨，不重辞藻修饰与渲染，以最朴素简练的文字描摹形象的方法。

例如，朱自清在《背影》中便很好地运用了白描的技法：

> 我看见他戴着黑布小帽，穿着黑布大马褂，深青布棉袍，蹒跚地走到铁道边，慢慢探身下去，尚不大难。可是他穿过铁道，要爬上那边月台，就不容易了。他用两手攀着上面，两脚再向上缩；他肥胖的身子向左微倾，显出努力的样子。这时我看见他的背影，我的泪很快地流下来了。我赶紧拭干了泪，怕他看见，也怕别人看见。我再向他看时，他已抱了朱红的橘子往回走了。过铁道时，他先将橘子散放在地上，自己慢慢爬下，再抱起橘子走，到这边时，我赶紧去搀他。

在这里，作者不施浓墨，不用重彩，而采用白描的手法。作者既写了当时父亲的穿着打扮、体态动作，又着重描绘了他过铁道的情景。走过去，探身下去，爬上月台，攀上爬下，移脚倾身……作者都细细地如实写下，我们读后有身临其境之感，作者没有用华丽的语言、感人的文字去渲染它，但正是这些极朴实的文字，却生动地勾画出父亲的慈爱形象。

2. 细描

细描又称工笔，原也是中国画的创作技巧之一，用在文学创作上主要是指在描写时对事物的特征进行细致入微的刻画，这种手法强调语言优美、文字绚丽，对事物进行浓墨重彩的描摹。

例如，《红楼梦》中对贾宝玉一出场时的描写：

> 头上戴着束发嵌宝紫金冠，齐眉勒着二龙抢珠金抹额，穿一件二色金百蝶穿花大红箭袖，束着五彩丝攒花结长穗宫绦，外罩石青起花八团倭锻排穗褂，登着青缎粉底小朝靴。面若中秋之月，色如春晓之花，鬓若刀裁，眉如墨画，面如桃瓣，目若秋波。虽怒时而若笑，即瞋视而有情。项上金螭璎珞，又有一根五色丝绦，系着一块美玉。

这段文字便运用了细描手法，不仅细致地描绘出了贾宝玉的华丽服饰，还生动地刻画了他的外貌和神态，这既写出了贾宝玉作为贵族公子的身份地位，也写出了他容貌俊美、英俊多情的特点。

（五）环境描写

环境描写是对自然景物和社会环境的描写，它对于渲染情调氛围，展现时代风貌，增强文章表现力有着至关重要的作用。

1. 自然环境描写

自然环境描写主要是对人们生活中的自然景物进行描写。它主要起到渲染故事气氛，烘托人物形象，推动情节发展，暗示社会环境和深化作品主题等作用。

例如，曹禺在《雷雨》第二幕开始时的一段舞台说明：

> 午饭后，天气更阴沉、更郁热。低沉潮湿的空气，使人异常烦躁。

这寥寥几句话，渲染了一种压抑、浮躁、郁闷的气氛，营造了一种"风雨欲来"之势，为后文"雷雨"的到来做好了铺垫。

2. 社会环境描写

社会环境描写是对人物活动和事件展开的时代、社会背景和人物关系等的描写和交代。如鲁迅在《孔乙己》的开头对咸亨酒店进行了这样的介绍：

> 鲁镇酒店的格局，是和别处不同的：都是当街一个曲尺形的大柜台，柜里面预备着热水，可以随时温酒。做工的人，傍午傍晚散了工，每每花两文铜钱，买一碗酒——这是二十年前的事，现在每碗要涨到十文……但这些顾客，多是短衣帮，大抵没有这么阔绰。只有穿长衫的，才踱进店面隔壁的房子里，要酒要菜，慢慢地坐喝。

作者对咸亨酒店的介绍，是为了交代孔乙己生活的社会环境，渲染"短衣帮"与"穿长衫的"两个泾渭分明的社会群体，表现了社会严重的阶级对立。作者刻画这样一个势利、冷酷、虚伪的社会环境，为我们渲染了一种冷漠悲凉的社会气氛，为情节的发展奠定了基础，预示着人物悲剧的必然性，可以说咸亨酒店就是当时中国半封建半殖民地社会的黑暗缩影。

三、说明

说明是指运用简明准确的语言对事物的形状、性质、特点、成因、关系等做出客观解释和阐述的一种表达方式。说明事物，要尽量说得具体，便于读者理解，要达到这个目的，就要恰当地运用说明的方法，下面介绍九种常见的说明方法。

1. 举例子

举例子是举出具体的实例来进行说明，它能够使要说明的对象具体化，便于读者理解。如朱相远在《食物从何处来》中的举例说明：

> 另一种叫异养。所有的动物和大部分微生物都是这一类。它们自己不能制造食物，靠植物来生活。

例如，野兔靠吃野草来生活。狼以野兔为食物。狼一旦碰到了老虎，也就成了牺牲品。老虎死后，又成了细菌的乐园；不用多久，尸体就分解得精光，变成了二氧化碳、水和无机盐，回到大自然中，又成了植物制造食物的原料。

所以兔、狼、虎、细菌，归根结底都是靠植物来生活。

文章在解释"异养"时，列举了野兔、狼、老虎、细菌来进行说明，这几个例子来源于生活，是大家比较熟悉的，也更便于读者理解。

2. 作比较

作比较是将两种类别相同或不同的事物、现象加以比较来说明事物特征。有时我们对某些抽象的或者是比较陌生的事物进行说明时，就可以用具体的或者已为人们所熟知的事物和它进行比较，从而使读者通过比较得到具体而鲜明的印象。茅以升在《中国石拱桥》一文中写到"永定河发水时，来势很猛，以前两岸河堤常被冲毁，但是这座桥却从没出过事，足见它的坚固"，便使用了作比较的方法，将卢沟桥修建前后的情况进行比较，突出强调了卢沟桥结构坚固的特点。

3. 下定义

下定义就是用简明的文字对事物的本质属性、特征作规定性的说明。下定义能准确揭示事物的本质，可以使读者对抽象的概念理解得更加清楚、明白。运用下定义的方法应注意：首先要确定被说明事物的类别，其次要说明被说明事物的特点，二者互作补充，一个完整的定义便形成了。

4. 分类别

分类别是根据事物的形状、性质、功用等属性方面的差别把其分成若干类来进行逐一说明的方法。它能够使内容庞杂的事物条理化，将复杂的事物交代得十分清楚。前面的例文《食物从何处来》便将生物获取食物的途径分成"自养""异养"两大类分别加以说明，这样使文章的层次更加分明：

一切生物都离不开食物。如何获取食物？这有两种不同的途径和方法。

一种叫自养。绿色植物都属于这一类。它们自己把无机物制造成有机的食物，满足生长的需要。

……

另一种叫异养。所有的动物和大部分微生物都是这一类。它们自己不能制造食物，靠植物来生活。

……

5. 打比方

打比方是在对一些抽象事物进行说明时，用某一具体形象的事物来进行比喻，从而使说明更具形象性和生动性。打比方的说明方法与比喻的修辞手法大同小异,比喻分明喻、暗喻、借喻、博喻,而在说明文打比方时主要会用到明喻和暗喻。仍以《中国石拱桥》一文为例,"桥洞不是普通半圆形,而是像一张弓,因而大拱上面的道路没有陡坡,便于车马上下",这里使用明喻的手法增加了文章的趣味性。

6. 列数字

在说明过程中,为能准确客观地反映事物的情况常常采用列数字的说明方法。要注意的是,所列举的数字必须准确无误以保证说明的严谨性。《中国石拱桥》中多处使用列数字的方法:"桥长 265 米,由 11 个半圆形的石拱组成,每个石拱长度不一,自 16 米到21.6 米。桥宽约 8 米,路面平坦,几乎与河面平行。"这些数字准确地说明了卢沟桥的外形结构。

7. 作诠释

作诠释是对事物某一部分的特点进行概括性的解释,以便读者对抽象的字词更加明白,理解得更加透彻。

8. 作引用

在说明过程中,为了使说明的内容更充实具体,可以适当引用一些文献资料、诗词、俗语、名人名言等,这样既可以使说明更具说服力,也可以增加文章的文学色彩。如上面例文《中国石拱桥》中"唐朝的张鷟说,远望这座桥就像'初月出云,长虹饮涧'"。这里引用张鷟的话说明了赵州桥外形美观。

9. 画图表

在说明时有时为了把十分复杂的事物说清楚,就可以采用画图表的方法来弥补单用文字表达的缺欠,对某些事物解说更直截了当、更加具体。

四、议论

议论是根据事实或理论,运用概念、判断、推理和分析等手段,对事情发表自己的见解和主张的一种表达方式。它的特点是以理服人,即运用摆事实、讲道理等方法来宣扬观点,阐明理论,来使读者信服。

(一) 议论的三要素

议论的基本要素大致分为论点、论据和论证。

论点是作者的观点和看法,它是议论中的核心要素,因此论点必须明确、严谨。

论据是论述论点的依据,是作者确立观点的理由,它是议论中的基础。要使议论令人信服,论据非常关键,因此议论中所采用的论据必须是经得起检验的。

论证是论据论述论点的过程和方法,它是联系论点和论据之间的桥梁。

(二) 议论的方法

总体来说,议论的方法分立论和驳论两大类。立论是从正面阐述作者的观点,从多个角

度证明其论点的正确。常用的立论方法有例证法、引证法、因果论证法、举例论证法、对比论证法等。驳论是一种反证法，是与立论截然相反的论证方法，作者通过证明对方的观点是错误的来驳倒对方，进而确定自己正确的观点。常见的驳论方法有驳论点、驳论据和驳论证三种。以上知识点在后面议论文部分将详细阐述。

五、抒情

抒情是指文章中抒发人物内心情感的一种表达方式，在表达中它充满着主观色彩、个性色彩和诗意色彩。大体来说，抒情分为直接抒情和间接抒情两大类。

（一）直接抒情

直接抒情是指作者或人物不借助任何手段直接表露自己的思想感情，以感染读者，达到共鸣。直接抒情要坦率真挚，不借助任何手段使感情宣泄而出，从而感染读者，打动读者。例如，高尔基在《海燕》中最后的抒情：

> 暴风雨！暴风雨就要来啦！
> 这是勇敢的海燕，在怒吼的大海上，在闪电中间，高傲地飞翔；这是胜利的预言家在叫喊：
> 让暴风雨来得更猛烈些吧！

在这里，作者以饱满的激情呼唤暴风雨的到来，抒发豪情壮志，并以无产阶级先行者的战斗姿态，表达时刻准备战斗、积极投身斗争的渴望之情。

（二）间接抒情

间接抒情是指作者将感情的表达蕴含在写人、叙事、写景、状物、说理的过程中，从字里行间流露情感，以达到感染人的效果。具体来说它包括以下四个方面。

1. 借景抒情

借景抒情是指作者带着主观情感来描摹客观景物，作者在文章中不直接抒发情感，而是借助景物的描写来展现自己的主观情感，即王国维所说的"一切景语皆情语"。这种"情"是由"景"而生，"景"与"情"是不可分离的，这也是中国古代诗歌创作的常用技法之一。

如张继的《枫桥夜泊》：

> 月落乌啼霜满天，江枫渔火对愁眠。
> 姑苏城外寒山寺，夜半钟声到客船。

诗人在这首诗中通过对月落乌啼、江枫渔火、孤舟寒山寺等江南深秋夜景的观察，将羁旅之思、家国之忧等感情充分表达出来，可以说是借景抒情的上乘之作。

2. 咏物寓情

咏物寓情是指借助对具体事物的描写,来寄寓作者深刻的人生感悟。它往往采用象征、比喻等手法,将感情委婉、含蓄地表达出来。例如,冰心在远离亲人、远离祖国的太平洋的邮轮上写下的一首小诗——《纸船》:

我从不肯妄弃了一张纸,
总是留着——留着,
叠成一只一只很小的船儿,
从舟上抛下在海里。

有的被天风吹卷到舟中的窗里,
有的被海浪打湿,沾在船头上。
我仍是不灰心的每天的叠着,
总希望有一只能流到我要它到的地方去。

母亲,倘若你梦中看见一只很小的白船儿,
不要惊讶它无端入梦。
这是你至爱的女儿含着泪叠的,
万水千山,求它载着她的爱和悲哀归来。

在这首诗中,诗人借含泪叠的纸船抒发了对母亲、对祖国的那一片深深的、诚挚的思念之情。这首诗感情深沉浓郁,读之令人回味悠长。

3. 以事传情

以事传情是指通过具体事件来抒发强烈的主观感情,在这里,"情"是由"事"而产生,也就是说,感情是由客观事物引发出来的。在事件的叙述中渗透着感情,便自然而然地打动读者。

舒乙的《都市精灵》一文通篇洋溢着其对各种小动物的喜爱之情,读过之后,我们深深受到感染。

4. 论理生情

论理生情就是把感情寄托在说理之中,这是一种含有感情色彩的说理,它不同于一般的议论文中的说理必须有充分的论据,它是带有主观情感的说理,它使"情"更具理的深度,又使"理"闪烁出更加耀眼的情思。

臧克家为纪念鲁迅逝世十三周年而创作的小诗《有的人》,意境开阔而深邃,运用对比的手法将作者对鲁迅先生的敬佩和无限的怀念之情蕴含在两种阶级的分析之中,理深情浓,感人至深。

【思考练习】

1. 指出下列句子所使用的表达技巧。

① 这一切都说明蝈蝈喜欢吃昆虫,尤其是没有过于坚硬盔甲保护的昆虫。它十分喜欢吃肉,但不像螳螂那样只吃肉。(　　　)

② 科学家已经证明,至少在以地球为中心的40万亿千米的范围内,没有适合人类居住的第二个星球。(　　　)

③ 漏掉了秋,就真的只剩冬了。凛冽的北风狂妄地叫着,企图把我们困在屋里。可我们不怕,我们冲出家门,依然奔向河岸,又跑到冰上飞来飞去,别提有多快活了。只是吓得大人在岸上大叫,却又不敢下去抓,不知是冰太薄还是他们的心太厚……(　　　)

④ 人,拥有了人格才受到人们的敬重,一个丢失了人格的人,将难以立足于社会之间,一个没有人格的人,必将会遭到世人的唾弃!(　　　)

⑤ 夜幕降临,幽蓝幽蓝的天空中点缀着很多的小星星,一眨一眨地,似乎在约请大家到宽广的太空中去漫游。(　　　)

2. 请从下列所给事物中任选一个,分别以记叙、议论、描写、抒情、说明的表达技巧各写一段话,每段话50—100字。

① 长城　　　② 菊花　　　③ 火车　　　④ 粉笔　　　⑤ 月亮　　　⑥ 教室

第四节　修 辞 方 法

 **比喻**

比喻就是打比方,即两种不同性质的事物,彼此有相似点,使用一事物来比方另一事物的修辞方法。

比喻一般由三部分组成,即本体、喻体和比喻词。本体是被比喻的事物,喻体是作比喻的事物,比喻词是表示比喻关系的标志性词语。根据这三个成分之间的关系,人们又把比喻分为明喻、暗喻、借喻和博喻四种。

1. 明喻

本体、喻体、比喻词同时出现,在本体和喻体之间连接的比喻词常用"像""似""好像""好似""仿佛""若""犹如"等,有时后面还有"似的""一样"等词语相配合。它的一般格式为"甲像乙"。明喻使人感到明快、生动。例如:

（1）叶子出水很高,像亭亭的舞女的裙。(朱自清《荷塘月色》)

（2）漫天的雪花如春天的柳絮一般不停地飘舞着。

（3）千百盏明灯就像夜明珠撒满山川,与繁星辉映,叫你分不清哪是天上,哪是人间。

（4）月亮在白莲花般的云朵里穿行,一忽儿把清莹的月光洒在校园里,一忽儿又钻入云块,透出朦胧的光亮。

2. 暗喻

通常三个成分也都要出现,但比喻词一般为"是""成""就是""成了""成为""变为""变成"等。它的一般格式为"甲是乙"。在这种比喻中,比喻关系同一般句子的结构融为一体,表面上不像比喻,所以叫"暗喻",也叫"隐喻"。它含蓄精练,更能引发人的思考。例如:

（1）场上,打谷机在呼呼地转,谷子堆成一座座小山。

（2）何等动人的一页又一页篇章! 这是人类思维的花朵。

（3）十个被鲜血浸泡的手指头肿得变成了大熊掌。

3. 借喻

本体和比喻词都不出现,直接用喻体代替本体。借喻能够更加生动地表现出被喻物,使段落更形象。例如:

（1）撤销这些酒囊饭袋的职务,理所当然。

（2）"三个臭皮匠,顶个诸葛亮",这就是说,群众有伟大的创造力。

（3）独有英雄驱虎豹,更无豪杰怕熊黑。(毛泽东《七律·冬云》)

（4）我似乎打了一个寒噤;我就知道,我们之间已经隔了一层可悲的厚障壁了,我再也说不出话。(鲁迅《故乡》)

4. 博喻

用几个喻体从不同角度反复设喻去说明一个本体,其一般格式是"甲像乙,像丙,像丁……"。运用博喻能加强语意,增添气势。例如:

（1）两岸都是悬崖峭壁,累累垂垂的石乳一直浸到江水里去,像莲花,像海棠叶儿,像一挂一挂的葡萄,也像仙人骑鹤,乐手吹箫……说不定你忘记自己在漓江上了呢! (杨朔《画山绣水》)

（2）层层的叶子中间,零星的点缀着些白花,有袅娜地开着的,有羞涩地打着朵儿的;正如一粒粒的明珠,又如碧天里的星星,又如刚出浴的美人。(朱自清《荷塘月色》)

　　（3）天上的云,姿态万千,变化无常：有的像羽毛,轻轻地飘在空中;有的像鱼鳞,一片片整整齐齐地排列着;有的像羊群,来来去去;有的像一张大棉絮,满满地盖住了天空;还有的像峰峦,像河川,像雄狮,像奔马。（朱泳燚《看云识天气》）

　　在众多修辞格中,比喻是人们用得最多的一种手法,它能够将句子化平淡为生动,化深奥为浅显,化抽象为具体,化冗长为简洁。运用比喻时必须注意：本体与喻体一定要是不同类的事物,本体和喻体之间要有相似点,喻体要能说明或描写本体。

二、拟人

　　拟人即把物当作人来写。常用的方式有三种。
　　把事物当作人来进行叙述,例如：

　　　　（1）几只小鹿在溪边散步。
　　　　（2）当四周很安静的时候,蟋蟀就在这平台上弹琴。

　　用描述人的词语来描述事物,例如：

　　　　（1）草地上泛起了星星点点的绿,一棵棵小草从坚硬的泥土中伸出头来,好奇地望着周围的一切。
　　　　（2）空旷的花园里,烧焦了的树木垂头丧气地弯着腰。

　　事物用人的语言说话,例如：

　　　　（1）春天来了,燕子边飞边激动地呢喃着："又回来啦! 又回来啦!"
　　　　（2）忽然后面跑来一只狼,慌慌张张地说："慈悲的先生,救救我吧!"

三、夸张

　　夸张是为了达到某种表达效果,在客观事实的基础之上,运用丰富的想象,对事物的某个方面的特征作或扩大或缩小或超前的一种修辞方法。夸张可以渲染气氛,启发联想,突出特征,表达鲜明强烈的感情,从而给人以深刻的印象。具体来说,夸张可以分为以下三种。

1. 扩大式夸张
　　这种夸张是对事物的形状、性质、特征、作用、程度等加以夸大的夸张形式。例如：

　　(1) 我端起搪瓷碗,觉得有千斤重,怎么也送不到嘴边。

　　(2) 蜀道之难,难于上青天!

2. 缩小式夸张

这种夸张是对事物的形状、性质、特征、作用、程度等加以缩小的夸张形式。例如:

　　(1) 教室里一片寂静,静得连针落地的声音都能听得见。

　　(2) 他这种人,心眼儿比针眼儿还小!

3. 超前式夸张

这种夸张是把在时间上后出现的事物提前一步的夸张形式。例如:

　　(1) 张医生给病人看病,药方还没开,病就好了三分。

　　(2) 她一点胃口也没有,饭没入口,人就饱了。

夸张这种修辞格常用在记叙文、抒情文、诗歌等体裁中,说明性、议论性的文章则较为少见。在运用时应注意,夸张要合情合理,要有真情实感。

四、排比

排比是三个或三个以上内容上密切关联、结构相同或相似、语气一致的短语或句子排列出来的修辞方法,它主要用来加强语势,强调内容,加重感情。排比分为如下五类。

1. 成分排比

　　(1) 苏州刺绣以色彩鲜艳、图案清晰、针法细微、形态逼真而驰名中外,被誉为"东方明珠"。

　　(2) 他们不了解,我们伟大的祖国几千年悠久的历史,灿烂的文化,丰富的民族遗产,曾经孕育了多少优秀人才。

2. 单句排比

　　(1) 台下有多少眼睛在盯着我呀! 我的两手也不知道怎样放好了! 我眼睛也不知往哪里看才合适! 我的头也在嗡嗡地响起来。

　　(2) 春天的雨多么宝贵! 春天的风多么温暖! 春天的阳光多么明媚!

3. 分句排比

（1）他们思考着，判断着，探索着，寻找着自己的路。

（2）读书使人充实，讨论使人机智，笔记使人准确。

4. 复句排比

（1）如果你是大海，何必在乎别人把你说成小溪；如果你是峰峦，何必在乎别人把你当作平地；如果你是春色，何必为一朵花的凋零叹息；如果你是种子，何必为还没有结出果实着急。

（2）要努力学习现代经济知识，提高驾驭市场经济的能力；学习科技知识，提高推进自主创新的组织领导能力；学习社会管理知识，提高管理社会的能力；学习法律知识，提高依法办事的能力，不断增强贯彻落实科学发展观的知识水平和工作能力。

5. 段落排比

（1）春天像刚落地的娃娃，从头到脚都是新的，它生长着。

　　春天像小姑娘，花枝招展的，笑着，走着。

　　春天像健壮的青年，有铁一般的胳膊和腰脚，领着我们上前去。（朱自清《春》）

（2）假如我是个诗人，我就要写出一首长诗，来描绘她们变幻多姿的旋舞。

　　假如我是个歌者，我就要唱出一曲诵章，来歌咏她们精美绝伦的演姿。

　　假如我是个作家，我就要写出一篇小说，来诉说她们历尽千难的故事。

　　假如我是个画家，我就要绘出一幅长卷，来描绘她们美妙曼丽的倩影。

　　假如我是个摄像师，我就要拍出一张照片，来定格她们绚如鲜花的笑容。

排比句式是行文中常见的一种修辞格，在运用时应注意以下三个问题：

（1）排比必须是三项或三项以上的排列，而且从内容上来说是能够排列起来的项目，为了形式而生硬编造排比句的做法是不可取的。

（2）排比的各项之间要有一定的顺序，这样可以使语句连贯，意思表达得准确。

（3）排比句式各项之间应有起强调作用的共同词语。

五、借代

借代是用相关的事物来代替所要表达的事物的修辞方式，并不直接说出要说的人或事物。在借代中被替代的叫"本体"，替代的叫"借体"，"本体"不出现，用"借体"来代替。恰当地运用借代可以引人联想,使语句拥有形象突出、特点鲜明、文笔精练、具体生动的效果。借代大致有如下十类。

1. 部分代整体

(1) 两岸青山相对出,孤帆一片日边来。

(2) 不拿群众一针一线,是三大纪律八项注意中的一条。

2. 特征代本体

(1) 然而圆规很不平,显出鄙夷的神色,仿佛嗤笑法国人不知道拿破仑,美国人不知道华盛顿似的。

(2) 红眼睛原知道他家里只有一个老娘。

3. 具体代抽象

(1) 南国烽烟正十年。

(2) 枪杆子里出政权。

4. 结果代原因

专弄文墨,为壮士捧腹。

5. 标志代本体

谁料竟会落在"三道头"之类的手里呢,这岂不冤枉!

6. 人名代著作

我有三年没读鲁迅了。

7. 专名代泛称

(1) 你们杀死一个李公朴,会有千百万个李公朴站起来!

(2) 我们的时代需要千千万万个雷锋。

8. 材料代本体

五十年间万事空，懒将白发对青铜。

9. 绰号代本人

"芦柴棒"着急地要将大锅里的稀饭烧滚。

10. 形象代本体

上面坐着两个老爷，东边的一个是马褂，西边的一个是西装。

运用借代必须抓住事物的典型特征，对于所借代的事物应在一定的语言环境中有所交代。另外，借代的借体和本体事物不能同时出现。

六、引用

引用是指援引现成的语言材料（诗句、名言、谚语等）来表达自己的思想感情，增强语言表达效果的修辞方式。它富有启发性，能增强文章的说服力。引用分为直接引用和间接引用两种。

1. 直接引用

（1）老师讲授白居易的《荔枝图序》，读到"壳如红缯，膜如紫绡，瓤肉莹白如冰雪，浆液甘酸如醴酪"时，实在无法理解：荔枝哪里会是红色的！
（2）孔子曰："三人行，必有我师。"是故弟子不必不如师，师不必贤于弟子。

2. 间接引用

（1）失败乃成功之母，你千万不要气馁。
（2）恩格斯在谈到 16 世纪欧洲文艺复兴时曾说过，那是一个需要巨人而且产生了巨人的时代。

七、对偶

对偶是用字数相等、结构相同的一对短语或句子来表达两个相近或相反意思的修辞方法。在语法上，人们习惯将组成对偶的前一个语句叫"上句"（"出句"），后一个语句叫"下句"（"对句"）。

根据上下句的形式，一般把对偶分为严对和宽对。严对也叫"工对"，要求上下两句字数相等、词性相当、结构相同、平仄相对，并且不使用重复的字词；而宽对只要求字数大致相等，结构相似即可。现代诗文所使用的对偶大多为宽对，一般避免重复的字，字数大致相等，结构大体相同，声韵基本和谐就可以了。

根据上下句的意思，又可以把对偶分为正对、反对和串对。

1. 正对

上下句是并列关系，是意思相近、相似，互相映衬、互相补充的对偶形式。

（1）墙上芦苇，头重脚轻根底浅；山间竹笋，嘴尖皮厚腹中空。
（2）准时的快车，不会迁就姗姗来迟的旅客；时代的巨轮，不会等待虚度年华的浪子。
（3）成功的大门由勤奋的钥匙开启，生命的琴弦靠不懈的追求拨动。

2. 反对

上下句是并列关系，是意思相反、相对的对偶形式。

（1）战士军前半死生，美人帐下犹歌舞。
（2）横眉冷对千夫指，俯首甘为孺子牛。
（3）对人民，你比炭火更温暖；对敌人，你比钢刀更锋利。

3. 串对

上下句是顺承、递进、假设等关系，就像流水一样连绵不断，因此也称流水对。

（1）少壮不努力，老大徒伤悲。
（2）山重水复疑无路，柳暗花明又一村。
（3）一日之计在于晨，一年之计在于春。

对偶句的两个句子之间互相映衬，互相照应，可以使作者所表达的意思更加丰富，更加精练，更加生动，但运用对偶时切忌脱离内容，片面追求形式上的工整。

八、反复

反复是指为了强调某个意思，有意重复使用某些词语、句子或句群的修辞方法。反复主

要分为连续反复和间隔反复。

1. 连续反复

是指把相同的语句反复，中间不插入其他语句的反复。

（1）沉默呵，沉默！不在沉默中爆发，就在沉默中灭亡。

（2）他怒不可遏地吼叫着，这声音像沉雷一样滚动着，传得很远，很远。

（3）如梦，如梦，残月落花烟重。

2. 间隔反复

是指把相同的语句间隔开来反复运用的反复。

（1）我们还在这样的世上活着；我也早觉得有写一点东西的必要了。离三月十八日也有两个星期，忘却的救主快要降临了罢，我正有写一点东西的必要了。

（2）我应该感谢母亲，她教给我与困难作斗争的经验……我应该感谢母亲，她教给我生产的知识和革命的意志……

（3）花儿为什么这样红？首先有它的物质基础……

花儿为什么这样红？还需要用物理学的原理来解释……

花儿为什么这样红？还有它生理上的需要……

花儿为什么这样红？从进化论的观点来考察，它有一个发展的过程……

反复能够使思想感情表达得更突出、更强烈，使语言表达更加清晰，使人物形象更加饱满。但运用时也应注意，反复必须适合表达感情和抒发感情的需要，否则会让人感到重复啰唆。

九、反问

反问又称反诘，是为了加强语气，用疑问的形式表达肯定的意思的一种修辞方式。它只问不答，答案就包含在反问句之中。反问能够加重语气，增强语言的力量，表达强烈的感情。

（1）你这么大了，还同幼儿园的孩子争玩具，不觉得惭愧吗？

（2）电脑和我们的生产、生活的关系日益密切，我们怎么能不认真地学习这方面的知识呢？

（3）虽然天山这时并不是春天，但是有哪一个春天的花园比得过这时繁花无边的天山呢？

（4）抑扬顿挫的朗诵加上清新而又协调的伴奏，听众怎么能不被陶醉？

　　反问和设问虽然都是问句,但两者的区别还是比较大的:设问是自问自答,答案在问句之外;反问则不需要回答,答案就在问句之中。肯定的反问句表达否定的意思;否定的反问句则表达肯定的意思。

十、设问

　　设问是为了引起别人的注意,先提出问题,然后紧接着自己回答,或不回答而让听者或读者自己思索体会的一种修辞方式。设问能引起人的注意和思考,增强文章或演说的说服力和战斗力。设问分为两种形式。

1. 自问自答

　　(1)一块好好的木板,上面一个眼也没有,但钉子为什么能钻进去呢? 这就是靠压力挤进去的,硬钻进去的。

　　(2)什么花儿秋天阵阵香? 什么鸟儿秋天排成行? 桂花秋天阵阵香,大雁秋天排成行。

　　(3)灰尘的旅行,对于人类的生活有什么危害呢? 它们不但把我们的空气弄脏,还会弄脏我们的房屋、墙壁、家具、衣服以及手上和脸上的皮肤。

2. 问而不答

　　(1)亲爱的朋友们,当你来到这一望无垠的大草原,置身于这"天苍苍,野茫茫,风吹草低见牛羊"的境界中时,你是否也会陶醉于这美丽的大自然中呢?

　　(2)问苍茫大地,谁主沉浮?

　　(3)今日长缨在手,何时缚住苍龙?

运用设问时目的必须明确,不能为了片面追求形式而运用。

【思考练习】

1. 仿照下面的例子,再写两个句子。

故乡的歌是一支清远的笛,总在有月亮的晚上响起。

故乡的歌是＿＿＿＿＿＿＿＿＿,＿＿＿＿＿＿＿＿＿＿＿＿＿。

故乡的歌是＿＿＿＿＿＿＿＿＿,＿＿＿＿＿＿＿＿＿＿＿＿＿。

2. 为营造学校文化氛围,学校发起了一项"美化寝室,为寝室取雅名"的活动。要求:每个同学为自己的寝室取一个三个字的室名作横批,体现"雅居寄情"的主题;内容

文雅、健康，富有文化内涵。同时，写一副对联（30字以内）贴在门的两边来解释室名的寓意，对联可以采用已有的古诗文或自己创作，但必须与室名相符合。

　　横批：_____

　　上联：_____

　　下联：_____

　　3. SOS儿童村是一个以家庭方式抚养孤儿的国际慈善组织，天津儿童村是我国首批建立且规模最大的一个。儿童村中每个"家"都有一个"妈妈"，她既要照料七八个孩子的生活，还要承担起教育的责任。妈妈们用青春和无私的爱，使一个个孤儿享受到家的温暖。

　　6月23日是"国际SOS儿童村日"，请你写一段话，向儿童村妈妈表示敬意和祝福。

　　要求：感情真挚，至少使用两种修辞方法，100字以内。

第二章　文学体裁写作

文学体裁的分类历来有各种不同的标准,因而也有各种不同的分类方法。我国最早的分类法是"两分法",即把文学体裁按照有韵和无韵分为韵文与散文两大类。"三分法"是把各种各样的文学体裁依据塑造形象的不同方式划分为三类：叙事类、抒情类、戏剧类。"四分法"是根据文学文本的外在形态,同时考虑题材选择、形象塑造、语言特征、体制篇幅等特点划分为诗歌、散文、小说和戏剧。在文学体裁的分类上,不论是"三分法"还是"四分法",都只是相对的,因为有些文学体裁在它的形成和发展的过程中,往往吸收了其他文学体裁的某些因素,因而形成了这一体裁和那一体裁互相交叉的情况。

本章重点学习诗歌、散文、小说、戏剧的写作。

第一节　诗　　歌

一、诗歌概述

诗是最古老也是最具有文学特质的文学样式。诗歌是起源于上古社会生活,因劳动生产、两性相恋、原始宗教等而产生的一种有韵律、富有感情色彩的语言形式。"诗"者皆为感于物而作,是心灵的映现。"现代诗"强调自由开放的精神,以直率的情境陈述。闻一多先生提出了诗歌的"三美",即诗歌的"音乐美、绘画美、建筑美"。他认为诗歌的音乐美是首要的,宣扬格律,声称"诗所以能激发情感,完全在它的节奏;节奏便是格律……越有魄力的作家,越是要戴着脚镣跳舞才跳得痛快,跳得好"。绘画美理论是对中国传统文化的继承,主要是指诗的辞藻的选用,即诗歌语言要求有色彩感,讲究诗的视觉形象和直观性,在先贤那里诗与画常常相得益彰,相映生辉。建筑美主要是指从诗的整体外形上来看,节与节之间匀称,行与行之间整齐,虽不限定每行的字数要一律相等,但最好能够相差不大以求外观整齐之感。

秉持不同世界观和文艺观的诗人和诗论家们,对于诗歌的理解和表述,林林总总举不胜举。有的偏重于从社会内容、伦理道德的角度;有的偏重于从心灵表现、自我抒写的角度;有

的偏重于从艺术形式、语言韵律的角度。总而言之，诗歌是一种简洁凝练的语言表达，分节、分行的句式章法，流转和谐的节奏韵律，蕴含情思的意象组合，借助联想、想象抒发内心情感的一种文学样式。

诗歌按内容的不同，可以分为叙事诗、抒情诗和哲理诗，古典诗歌中著名的叙事诗有《木兰诗》《孔雀东南飞》《长歌行》《长恨歌》《琵琶行》等。从《诗经》《楚辞》到李白、杜甫、李商隐等人的绝大多数诗歌都是抒情诗，如《敕勒歌》："敕勒川，阴山下。天似穹庐，笼盖四野。天苍苍，野茫茫，风吹草低见牛羊。"一首北朝民歌，为我们展现了北方草原的壮阔之景，以景载情。哲理诗表现诗人的哲学观点，反映哲学道理，内容深沉浑厚、含蓄、隽永，多将哲学的抽象哲理蕴含于鲜明的艺术形象之中。如苏轼的《琴诗》："若言琴上有琴声，放在匣中何不鸣？若言声在指头上，何不于君指上听？"还有陈毅的《冬夜杂咏·青松》："大雪压青松，青松挺且直。要知松高洁，待到雪化时。"

诗歌按照表现形式的差异，可以分为格律诗和自由诗。格律诗是古代汉语诗歌的一种，形式有一定规格，音韵有一定规律。结构严谨，字数、行数、平仄或轻重音、用韵都有一定的限制。格律诗一般讲究平仄、押韵和对仗，例如"平平仄仄平平仄，仄仄平平仄仄平"，常见形式有五言、七言的绝句和律诗等。词、曲也可称为格律诗。自由诗没有规则的音节、韵律，依靠言语的自然节奏。"五四"前后，自由诗开始在我国流行，代表作品有《女神》《星空》《大堰河——我的保姆》等。

按照诗歌发展的阶段还可以将诗歌分为古体诗、近体诗、新体诗和新诗。

散文诗、寓言诗和童话诗，则是诗歌和其他文体结合后产生的品类。

诗歌的特点集中体现在以下三个方面。

（一）抒情性

诗歌的创作过程自始至终都伴随着诗人丰富的情感进行，饱含着诗人的思想感情。诗人的思想感情是高尚健康，还是低级庸俗；是真情实感，还是虚情假意；是同时代精神、人民感情相联系，还是脱离时代、脱离群众的"自我表现"，直接影响作品的格调和艺术价值。如柳永的《雨霖铃》："多情自古伤离别，更那堪，冷落清秋节。今宵酒醒何处，杨柳岸，晓风残月。此去经年，应是良辰好景虚设。便纵有千种风情，更与何人说。"柳永通过对离别时身边景物的描写，渲染出一种气氛，营造出一种意境，这种气氛又很好地把诗人的情感烘托了出来。

（二）音乐性

在早期现代诗歌作品里，我们经常能读到那些韵律和节奏把握都很巧妙的好作品，这些好作品带给我们的感受，通常是阅读轻快、优美、抑扬顿挫，也或干练、大气、回味悠长，这些韵律和节奏的佳作，同时也是最好的朗诵作品。

韵是诗词格律的基本要素之一。诗人在诗词中用韵，叫作押韵。所谓押韵，就是把相同韵部的字放在规定的位置上。诗词歌赋句末用同一韵母的字，以使声韵和谐，一般用于偶句句尾，也称韵脚。现代诗歌不必讲求处处偶句押韵，但如果每个诗节都能有韵律感，肯定要比诗句散乱、不讲韵律的诗效果好得多。节奏是诗歌中音节停顿的长短和音调的轻重抑扬。诗歌是节奏的艺术,诗歌是心灵的音乐,是依靠听觉实现美感的文学样式,也是外在音乐性与内在抒情性相互交融的文学样式。

(三) 精练性

诗歌与其他文学体裁相比较,要求集中性、概括性的程度更高。诗人总是选取生活中最有特征、最典型的事物,将丰富的生活内容和思想感情高度浓缩,集中概括在这些事物之中,通过描写这些典型事物的形象特征,就可以表现更广泛的社会生活,具有更普遍的思想意义。如毛泽东的作品《七律·长征》:"红军不怕远征难,万水千山只等闲。五岭逶迤腾细浪,乌蒙磅礴走泥丸。金沙水拍云崖暖,大渡桥横铁索寒。更喜岷山千里雪,三军过后尽开颜。"虽字数不多,却能够史诗般地再现万里长征的艰难历程,歌颂了红军不怕困难、百折不挠、勇往直前的革命英雄主义和革命乐观主义精神。

二、意象与意境

(一) 意象

意象,就是表意之象,即诗歌中熔铸了作者主观情感的客观物象,是作者内在情感与外在客观物象的统一。意象属于中国古代美学范畴。意,指心意;象,指物象。意象即对象的感性形象与自己的心意状态融合而成的蕴于胸中的具体形象。意象的特点有以下三点。

1. 内视性

文学作品中的具体形象,是创作主体以主观情意感受外在物象,在头脑中形成意象,然后借助艺术表现的物质手段得以外化呈现的。因而,意象是一种心灵的产物,是一种意想的形象,它可以使作者先让未来的形象在头脑中活起来,然后才谈得上转化为读者可以感知的活生生的形象。

2. 象征性

艺术的象征是属于美学范畴的概念,指以某一特定形象来表现或超越此形象原有含义的象外之象。意象之象是一种象征性的物象,具有艺术隐喻的作用,它具有能够超越自身直观物象之外的另一层意义。

3. 多义性

意象的生成要靠丰富的想象力来推动物象运转,以达到意与象的反复渗透,最终达到物我合一。想象的丰富性是造成意象多义性的重要原因之一。因为意象之象是一种象征形象,这就意味着它的意蕴是宽泛多解、模糊复杂的。因此,意象的多义性能够产生"象外之象""景外之景"的艺术魅力。

(二) 意境

意境是中国独有的一个诗学和美学术语,也是中国对世界的贡献。我国古代学者对"意境"多有阐述:晋代陆机《文赋》中从"情思"与"物境"互相交融的角度说过,"悲落叶于劲秋,

喜柔条于芳春"；著有《文心雕龙》的刘勰则认为构思规律的奥妙在于"神与物游"，即作家主观精神与客观物境的契合交融。最初把意境作为一个美学范畴提出来的是王昌龄，他在《诗格》中说道："诗有三境，一曰物境，二曰情境，三曰意境。"

（三）意象与意境的关系

境生于象而超乎象：境生于象，没有象就没有境，所谓一切景语皆情语也；境超乎象，由象生成的境，并不是一个个象的和，而是一种新的质。意象是形成意境的材料，意境是意象组合之后的升华。意象好比细微的水珠，意境则是飘浮于天上的云。云是由水珠聚集而成的，但水珠一旦凝聚为云，就有了云的千姿百态：飘忽的、变幻的、色彩斑斓、千姿百态的云。它们是相辅相成、相得益彰、相互依赖的关系。

可见，意象是以象寓意的艺术形象，意境是由那寓意之象生发出来的艺术氛围。意象是实有的存在，意境是虚化了的韵致和意味。意境是作家所追求的艺术创造的终极目标，意象则只是营造意境的手段和材料。脱离意境的意象建构是不成功的、苍白无力的意象；没有意象的意境是平淡无味的、难以给人美感的失败之作。一个作家，终生追求的目标，就是创造艺术形象，也就是营造不朽的意境。但是，任何意境的创造，都不是凭空捏造，而是在意象的基础上营造。

（四）有我之境与无我之境辨析

关于这两种境界的划分，有人赞成，有人反对或怀疑。赞成者对于何谓"有我之境"，何谓"无我之境"也众说纷纭，归纳起来大体有以下四种观点。第一种可谓"情景说"，即从情与景的关系特点上解释。这种观点认为："有我之境"以情为主，多半是情语；"无我之境"以景为主，大体是景语。前者感情强烈，后者感情冲淡；或前者感情外露，后者感情内蕴，因此，前者是"显我"，后者是"隐我"。第二种可谓"心物说"，即从心与物的不同关系上解释。这种观点认为：两种境界实是心与物结合的两种不同形态，前者是物的"人化"，后者是人的"物化"。"心"指感情，所以"人化"即感情化，"物化"即感情自然而然流露于物的如实描写中。第三种可谓"移情说"，即认为两种境界的共同点是移情作用的表现。前者主体色彩浓厚，后者主体色彩相对淡薄；前者对象受到改造痕迹明显，后者则外射于对象的主体内容与自身意蕴和谐融合。第四种可谓"利害关系说"，即从主体与客体之间是否存在着利害关系的角度解释。这种观点一般都根据王国维所受叔本华"意志论"的影响来理解，认为"有我之境"指当吾人存有"我"之意志，因而与外物有某种相对立之利害关系之境界，"无我之境"即吾人与外物无相对立之利害关系的境界；或者说，"无我之境"即诗人看到了与自己无利害关系的景物，为之激动而把自己的感情移加到景物上去，"有我之境"是诗人超越了对象所表现的意义，排除其对人的利害关系，纯粹以直观感觉去领略对象的形式美。

三、 诗歌语言

一首诗，没有表情，没有声音，没有颜色，就一行行文字在那里，靠文字本身的魅力来打动读者。汉语有几万个字词而这几万个字词又能有几亿或几十亿种奇妙的组合,构成永远不会重复也永远不会穷尽的语言艺术的长廊。诗歌语言的锤炼是诗歌写作中非常重要的环节,诗歌语言往往不理会正常或者通常语言的习惯,有时甚至打破现代汉语的语法规范,而尽量使日常语言生疏化,以延长和强化读者对语言的感知过程。

(一) 诗歌语言的特点

诗歌的语言要求不同于其他文学作品,具有很强的直觉性、概括性、凝练性。要想让诗歌的语言达到"淡妆浓抹总相宜"的境界,还要把握好语言的分寸感,用词准确得当,不可过犹不及,要注意语言内在的弹性和鲜活力。由于诗所表达的是诗人的审美情感,而情感不可见又不可闻,要表达这种极其复杂微妙、一瞬即逝的东西,诗的语言就不能像一般语言那样,而应该到义外求义,语外觅语,既能在固定岗位上坚守语言,又能在暗中对感觉和想象发出暗示、启迪、呼唤、煽动甚至背叛。诗歌语言的特质在于它对一般语言规范的遵循和偏离。只有遵循规范,才能保证作品有可能被读者领会;只有偏离,才能传达微妙的诗思,才能凝练、含蓄、言少意多。有些语言不受惯的语法规范的限制和束缚,给人以新颖、强烈的审美刺激,我们把这类语言称为"陌生化语言"。因此,它凝练含蓄,富于象征性、暗示性和跳跃性。

如席慕蓉的诗作《一棵开花的树》:

> 如何让你遇见我
> 在我最美丽的时刻　为这
> 我已在佛前　求了五百年
> 求他让我们结一段尘缘
>
> 佛于是把我化作一棵树
> 长在你必经的路旁
> 阳光下慎重地开满了花
> 朵朵都是我前世的盼望
>
> 当你走近　请你细听
> 那颤抖的叶是我等待的热情
> 而当你终于无视地走过
> 在你身后落了一地的
> 朋友啊　那不是花瓣
> 是我凋零的心

这首诗创作于1980年10月,是席慕蓉写给自然界的一首情诗。这首诗富有真情美,娓娓道来却饱含诚挚;同时,也具有极致画面感的意象美,成功地突出了抒情主人公与开花的树、物

与我的关系，并把它们凝聚成传情达意的意象群落；还具有声韵和谐之美，全诗韵味十足。

（二）诗歌语言的锤炼方法

1. 精选词汇

诗歌语言具有含蓄、凝练的特质，用比散文更凝练、更能引发读者想象和联想的语言，来表达人类的感受和感悟，这就决定了诗句必须高度凝练，以一当十。古代诗人在创作上尤其注重字词的推敲和锤炼，如宋祁的《玉春楼·春景》中"红杏枝头春意闹"的"闹"字，本意是指热闹，此处指春意盎然，用拟人化的手法描写花满枝头充满生机的景象，化静为动，化无声的姿态为有声的热闹，以听觉写视觉，营造了春意盎然的美好意境。又如王安石的"春风又绿江南岸"的"绿"字，贾岛"僧敲月下门"的"敲"字，往往著一字而境界全出。

2. 独特搭配

诗歌语言反常搭配的"陌生化处理"，不同于日常用语的逻辑思维，而是更加强调从诗歌的角度，尽可能地使语言有新意，从而抓住读者的阅读感受。如北岛的《红帆船》："被黑夜碾碎的沙滩/当浪花从睫毛上退落时/后面的海水却茫茫无边/可我还是要说/等着吧，姑娘/等着那只运载风的红帆船"。其中"被黑夜碾碎的沙滩""浪花从睫毛上退落"之类的句子，在日常用语中，会被人认为不通顺，不合语法规则，但是从诗歌角度去理解，恰恰是成功的表达。

3. 一词多义

诗歌的语言不像科学语言那样，要求准确、稳定、单一，它对于意象的选择，意境的创造，艺术空间的构建，象征与隐喻的使用等，强调向多义性方面发展。如顾城的《一代人》："黑夜给了我黑色的眼睛/我却用它寻找光明"。短短两句诗，冠以一个博大的题目，揭示了一个庞大的主题。在黑与光的对立统一中，"黑"是扼杀光明的结果，是一种令人窒息的特定时代象征，然而黑色的眼睛却无疑是黑夜的叛逆，深沉而潇洒地突出了当代人的精神意象，既是这一代人的自我阐释，又是这一代人不屈精神的写照。

4. 跳跃省略

诗词的省略跟意象的组合有关，要求利用想象填充省略的部分。这就如同电影里蒙太奇的手法，一个意象接着一个意象，一个画面接着一个画面，镜头与镜头之间留下大量的空白，让读者根据生活的逻辑、经验的积累、自身的修养去补充完善。如马致远的《天净沙·秋思》："枯藤老树昏鸦，小桥流水人家，古道西风瘦马。夕阳西下，断肠人在天涯。"前三句用白描的手法，用了九个独立词语，描绘了八种物象，一种气象，呈现出一幅苍凉萧瑟的秋景。词与词之间各自独立，没有一个连接词，尤其具有跳跃性。既是跳跃就有空白，这些空白是作者有意留下的，等读者凭借各自的理解和想象给予填补。

5. 句法多变

通常，书面语言是要遵循语法规范的，但诗歌的语言常常违反语法规范，创造出崭新的、前所未知的意义。如海子的《春天，十个海子》中"春天，十个海子低低的怒吼/围着你和我跳舞，唱歌/扯乱你的黑头发，骑上你飞奔而去，尘土飞扬/你被劈开的疼痛在大地弥漫"。原本词语的意义已经被破坏了，而且这些词语表意的功能微不足道，主要是对内心世界的一种呈现。还有北岛的"卑鄙是卑鄙者的通行证/高尚是高尚者的墓志铭",臧克家的"有的人活着,他已经死了/有的人死了,他还活着",舒婷的"你有你的铜枝铁干/像刀,像剑/也像戟/我有我红硕的花朵/像沉重的叹息/又像英勇的火炬",等等,都是非常讲究语言的运用。因为艺术形象的塑造,意境的营造,以及情感的表达,都要借助富有新意的语言来实现。

四、创作注意事项

不要以为句子分行排列、语句押韵的文字就是诗歌。诗歌要感情真挚饱满,要有深刻的思想内涵,要发人深省,感人至深,耐人寻味,给人以强烈的感染和思想的启迪。

诗歌意境的创造和语言的陌生化要做到自然,不能刻意去追求,任何事物到达极致都会向它的反方向发展,切不要物极必反。

语言锤炼要规避以下三点:一是语言拖沓、松散,其中有太多水分,经不起挤压;二是语言重复、单调,写来写去总是那么几个词;三是语言虚假生硬,缺乏活力;四是语言组合、搭配平淡无奇,尤其是虚词、动词选择不适,形容词堆垒泛滥。

【思考练习】

1. 自由创作几首诗歌,也可以尝试填词、仿写等形式。

2. 修改以下诗歌,使语言更为精练。

(1) 我们应该学会简单

　　因为只有简单

　　才是最成熟的

　　而不是幼稚的一种美丽

　　我们应该学会单纯

　　因为只有单纯

　　才是最丰富的

　　而不是浅薄的一种高雅

(2) 离别延河已经很久了

　　延河水啊照以前一样的流

　　流入黄河后黄河又流入大海

　　流了千年万年还在继续地流

3. 重新排序组成搭配独特的诗。

(1) 窗外　戚戚地咬着我的心　虫鸣　被秋风吹得　很瘦很瘦的

(2) 黄昏　诗词　绕过风景中的池畔　是朵朵鲜绿的　荷塘里浮动的

4. 比较张励志《聚会》最后一行特殊表达与正常表达"慢慢地咀嚼"的区别。

餐桌上排满丰富的佳肴

同学们的眼光不在菜上

筷子很快夹起女人的话题

一块一块

放进嘴里

慢慢地

咀

嚼

第二节　散　文

一、散文概述

散文是与诗歌、小说、戏剧等并行的文学样式，是一种重在写实，充满诗意，自由活泼，篇幅短小，不拘格律声韵，反映和表现现实与内心世界的文学样式。在中国古代文学中，散文与韵文、骈文相对，不追求押韵和句式的工整，这是广义上的散文。在中国现代文学中，散文指与诗歌、小说、戏剧并行的一种文学体裁，这是狭义上的散文。

散文具有以下三个特点。

（一）内容的写实性

写实，即对实人、实事、实情的描写。写实就是把散文同以虚构为主的小说区别开来。散文的写实是因为它是最接近现实生活的文学样式。写人叙事、写景状物、抒情表意，多姿多态的现实生活触动人心，于是有感而发，优秀的散文作品便随之诞生。自然，写实并不等于生活机械的摹写，它仍然需要艺术的剪裁、加工、提炼，也需要运用比喻、拟人、象征、暗示等多种多样的艺术手法，如许地山的《落花生》；也可以是几个片段的剪辑，如鲁迅的《从百草园到三味书屋》，在叙事中倾注作者真挚的感情，这是与小说叙事最显著的区别。

（二）情感的真挚性

散文同诗歌一样，是侧重于抒发情感和表达内心体验的文学样式，它对客观社会生活的再现，往往融合在自己主观情感和体验的表现之中，这就形成了散文抒情性的特点。假山假水、假人假事、假情假意，这种散文纵然辞藻艳丽仍然不能掩盖其苍白的情感，只能给人以矫揉造作的感觉。因此，散文要敢于写出自我的真情实感，如朱自清的《荷塘月色》、冰心的《樱花赞》等等。

（三）笔法的灵活性

散文的创作不受任何音韵格律的限制，而是自然随性的。而且，散文的表现手法也是多样的，可以使用象征、暗示、虚拟、移觉等艺术手法，组成情深意切、色彩纷呈的画面。由于散文的笔法灵活多变，而使文章显得自然流畅，所以给人"形散"之感。散文的语言不受韵律的限制，表达方式也可以将叙述、议论、抒情、描写融为一体，也可以有所侧重。有的时候散文根据内容和主题的需要，可以像小说那样，通过对典型性的细节如生活片段等，进行形象描写、心理刻画、环境渲染、气氛烘托等，也可像诗歌那样运用象征等艺术手法，创设一定的艺术意境。

二、散文分类

散文的表现形式多种多样，如杂文、短评、小品、随笔、速写、特写、游记、通讯、书信、日记、回忆录等都属于散文。由于分类的标准不同，我们按表述方式的不同，将散文分为下列三类。

（一）抒情性散文

抒情性散文是以抒情为目的的散文。它通过记人叙事、写景状物、直抒胸臆来表达作者对具体的人、事、景、物的一种强烈的感情。这类散文有对具体事物的记叙和描绘，但通常没有贯穿全篇的情节，其突出的特点是强烈的抒情性。或直抒胸臆，或触景生情，洋溢着浓烈的诗情画意，即使描写的是自然风物，也赋予了深刻的社会意义和思想感情。

抒情性散文在记人叙事的时候要注意准确传神，这就要求作者：记人，要抓住人物立身行事的三两个典型细节，抓住人物外形、神态、语言等方面的特点进行描绘；叙事，要抓住事件发展的线索，按时间、空间或者认识的深化，依次进行叙述。

抒情性散文在写景状物的时候要求清晰生动而有所寄托。写景状物，就如同素描，应该先定角度，再抓住景物的特征（时令的、地域的、时代的），最后要透过表面，开掘深层的意蕴。或借景抒情，或寓情于景，抓住景物的特征，按照空间的变换顺序，运用移步换景的方法，把观察的变化作为全文的脉络。如刘白羽的《长江三峡》，按照空间的变换顺序，运用移步换景的方法，把观察的变化作为全文的脉络。生动的景物描绘，不但可以交代背景，渲染气氛，而且可以烘托人物的思想感情，更好地表现主题。

抒情性散文在直抒胸臆的时候，注意情感宣泄要适度，强烈与委婉，直喷与含蓄，均需要依据内容而定，不能随意为之，有失分寸。作者不需要借助于任何寄托物而直接抒发强烈的情感，如熔岩喷发般令读者感到心灵的震撼和强烈的艺术感染力，并引起共鸣。但这种直抒胸臆只有感情达到了一定程度时才能抒发出来，否则就显得矫揉造作。优秀的抒情散文感情真挚，语言生动，还常常运用象征和比拟的手法，把思想寓于形象之中，具有强烈的艺术感染力，如茅盾的《白杨礼赞》、魏巍的《依依惜别的深情》等。

1. 绘景为主散文的写作要领

（1）逼真如画，生动形象

以惟妙惟肖的描写让景色呈现眼前，使人产生如临其境的感觉。描绘自然景色，可以采用动态描写或者静态描写的方法，也可以两者结合使用。描写顺序可以采用先整体后局部，按照空间位置逐一刻画的写法。逼真如画、生动形象的写法关键在神似，而不是形似。切忌"眉毛胡子一把抓"，寻找、表现、突出此景此色的特征，是神似的关键。只有把景色最富有特征的闪光点写得活灵活现，写得生动形象，景色才有逼真如画的欣赏效果。

（2）借景显意，传递情思

借助有意选取的景色描写，传递作者的某种思想情感，达到言在此而意在彼的艺术效果。借景显意或者景中藏意，都必须以逼真如画的描绘为前提，然后才能进入象征的境界。借景显意、传递情思的写法，关键是寻找到景与意的关联点，让人能借助景色的展示，通过思索领略情思，或者领略隐藏在其中的真正含义。

2. 状物为主散文的写作要领

（1）形神兼备，表里互化

作者需要认真细致地观察与描绘，既要对客观事物的外形进行真实描写，又要对其内在本质进行准确的揭示。形神兼备、表里互化的写法，首先必须将"形"写得具体、生动、形象，"神"的依附才有坚实的根基；其次形神应该在某一点上有形体或者质地的相似，两者才有互化的可能。

（2）托物言志，烘托情感

借托某种客观事物，表达作者的思想感情。托物言志是间接表达主观情感的一种形象化的方式。所借托之物，虽然有时占据了大半篇幅，甚至全篇，但它只是一种载体而已，作者寄寓其中的情感才是主宰全文的核心。托物言志、烘托情感的写法，首先是所借托之物与所抒之情，在经历、特征、品行等方面要有某种相同点或相似点；其次所抒之情不能太泛、太滥，要讲究情感流露的适度性和艺术性。

3. 抒情为主散文的写作要领

（1）情景辉映，水乳交融

情感抒发与景物描写达到了高度和谐、水乳合一的境界。一般是情融于景中，或先描写景物，然后顺势抒发情感。情景辉映、水乳交融的写法，不管是情融于景，还是顺势抒发感情，都必须像托物言志所要求的那样，注意情感抒发不宜太多太泛，而且要注意不违背情景自然相生的写作原则。

（2）抑扬翻腾，迂回起伏

不是直线式的抒发感情，而是采用迂回起伏的方式，把情感流程的变化表现出极富引人入胜的审美效果。抑扬翻腾、迂回起伏的写法，关键在于行文过程中掌握一个"变"字：变情感流程的走向，变情感基调的转化，变内容事例的叙写，在曲折变化中生发审美的乐趣。

（二）记叙性散文

记叙性散文是以记叙人、事为主的散文，它同抒情性散文的区别在于：虽然两者都要记人叙事，但是抒情性散文重在情感的抒发，而记叙性散文重在人、事、地的记录，所以记叙性散文是与小说一样同属于叙事体的文学。叙事散文侧重于从叙述人物和事件的发展变化过程中反映事物的本质，具有时间、地点、人物、事件等因素，从一个角度选取题材，表现作者的思想感情。叙事散文叙事情节不求完整，但很集中，叙事中的情感渗透在字里行间。吴伯箫忆纺车而挥毫，写下名篇《记一辆纺车》，杨朔赏茶花引起创作冲动，留下脍炙人口的《茶花赋》。

1. 叙事为主散文的写作要领

（1）一字立骨，主旨凝聚

以一个中心词作为构思全文结构的核心，作为串联情节线索的主干，如《陋室铭》篇中所明示的"斯是陋室，惟吾德馨"，作者便是以"德"字作为行文之骨的。在通常情况下，一字立骨的写法，往往在标题上就已经明确地点明了，一旦全文的中心词确定下来，就要扣住中心词选材，围绕中心词布局谋篇。

（2）小中见大，持一当十

以小题材见出大社会，小角度映射大道理。散文创作切入的角度大都是较小的，这与篇幅的相对短小密切相关。以小见大，往往不仅指小角度切入，更多的是指以小题材见出大社会，以平常的、琐细的现实生活的叙写，让人领悟出蕴含其中的社会、人生的真谛。小中见大、持一当十，关键在于具备一双锐利的眼睛，善于发现生活中的"笋尖"题材，力求写出"窥一斑而知全豹"的作品。

2. 写人为主散文的写作要领

（1）突出个性，细节点睛

精选包藏着人物道德品质、性格素养的动作、语言和衣饰等加以描绘刻画，有的时候也可以通过人物的外貌、神情和心理等方面的描绘，特别是传神的细节描写，达到突出个性、画龙点睛的目的。突出个性、细节点睛的写法，首先应该在整体描绘上从多个侧面让人物形象具有立体感；其次应该在关节处放大突出某些特定的外貌、神情、动作、语言、衣饰或心理活动，让这些特定的描绘成为凸显人物性格的点睛之笔。

（2）正反对照，从旁映衬

以对比的方法把双方放在一起进行描绘刻画，以突出、映衬其中一方。对比可以是两个或者多个对立或截然不同的对比，也可以是同一人物外在形象与内在本质的对比，其目的在于通过鲜明的比照，增强艺术感染力。正反比照、从旁映衬的写法，首要的是应该以人物的共同点为基点，竭力寻找、拓展人物的不同点；所寻找到的不同点越多，拓展的差距越大，就越能突出映衬的美感效应。

（三）议论性散文

议论性散文是以议论为主的文学散文，它要求形象地描绘和议论，寓思想于形象之中。议论性散文用"散文"的笔法"议论"，或者说是以阐述某个观点为中心的"散文"。从"议论"

角度看,它是"议论文",要阐明一个论点;从"笔法"角度看,它是"散文",不像一般议论文注重理性和逻辑,侧重的是形象的描绘和情感的抒发。随笔是议论性散文的常见形式,是一种杂记见闻、随手笔录、不拘一格的散文体裁。随笔的可贵之处在于"随"字,所以短小的形式、博杂的内容、浓郁的个性、诚实的风格成了随笔的特征。短小的形式是因为文章字数有限,但是短小不是空泛、贫乏,而是精深和简括。博杂的内容指的是随笔的题材领域无比宽广,天文地理、动物植物、声光雷电,都可以信手拈来,随手记下。浓郁的个性是指随笔记录的都是心灵深处的情思,读者可以从文章里窥见作者人格的色彩。诚实的风格是指随笔的亲切感,一切语言都是从心底流淌出来,没有半点儿虚假。

1. 借物明理,喻示本质

借托某一客观事物,讲述某种人生道理,或者喻示某种生活本质。它与借景抒情、托物言志在写作思路上是一样的,只是着力点不同,表达对象不一。借物明理、喻示本质的写法,关键在于所寻找之景物能够恰当地点明所议论的道理,达到物理相通、相映成趣。借物明理的写法如果运用得成功,会让人觉得道理本来就在物中,只是要发掘出来而已。

2. 言尽意藏,文存余韵

全文结束了,仍将所要表达的主要意思蕴藏于内,让读者自己去品味。言尽意藏、文存余韵的写法,必须明白"藏"与"露"是一种辩证的关系。也就是说,在言尽意藏的过程中,要讲究必要的"露"和"藏",露要露得合理,露得恰如其分;藏要藏得妙,藏得巧,让人思索后有所领悟。

三、形散神聚

所谓"形散",主要指散文的取材十分广泛自由,不受时间和空间的限制。形散还指它的表现方法不拘一格,可以叙述事件的发展,可以描写人物形象,可以托物抒情,可以发表议论,可以根据内容需要自由调整、随意变化,组织材料、结构成篇也比较自由。所谓"神聚",主要是从散文的立意方面说的,即散文所要表达的主题必须明确而集中,无论散文的内容多么广泛,表现手法多么灵活,无不是为更好地表达主题服务的。

"散"主要表现在材料的选用、材料的组织和表达方式的运用这些外在的形式上。散文的"神"是指蕴含于外在的"形"中的思想感情。它是内在的,体现了作者的写作意图。"神"是文章的灵魂、统率,驾驭着看似散的"形",并使之为"神"服务。朱自清的《背影》,虽然文章内容很广,从交代家庭内部琐事到南京出游,再到父亲叮嘱别人送行,最后父亲自己亲自送行买橘等,这么多的事都记叙在内,看似很散,但仔细分析其间事件的联系会发现,所有的事都是围绕表现父亲对我的爱而安排的。父亲对我的爱,以及后文表现出来对父亲的思念,便是这篇文章的神。内容、结构、取材、范围散,但是文章的中心(散文主要是表达感情),也就是感情不散,也就达到了形散神不散的目的。

四、散文写作

写作方法既是散文家写作经验的结晶，又是人们对散文作品进行研究、分析、提炼和升华的结果，它是带有规律性的东西。当然"文无定法"，前人总结出来的笔法都只能有一定的规定性和制约性。下面列举三种常见的散文笔法。

（一）记事写人法

记事写人的时候要注意运用顺序、倒叙、插叙。顺序即按照事件的开端、发展、高潮、结局的自然顺序进行写作，作品的段落、层次与事情的发展经过基本一致。倒叙即将事件的结局或者某个突出的片段提到开头，制造悬念，然后再依据顺序进行叙述。插叙即在叙述的过程中将原来的叙述暂时停下来而插入有关事件的叙述。

写人的散文要善于"画眼睛"，通过人物富于个性特征的细节描写，包括外貌、表情、动作等方面来刻画人物。记事的散文要运用"一线穿珠"的方法，"线"是线索，"珠"是材料。用线索将散乱的材料串联起来，组成浑然的整体。常见的线索有以下五类。

① 以核心人物为线索。通常是指以文中人物的所见所闻为线索，引出其他材料，连缀成文。这个人物可以是处于第三人称位置上的旁观者，也可以是作者本人——"我"。如朱德的《回忆我的母亲》，开篇就点明叙事线索——她勤劳的一生，用母亲优秀的品质构成文章的线索。

② 以核心事物为线索。不少叙事及抒情的文章，常用一个具体事物或象征事物贯穿全文。这个具体事物或象征事物作为行文线索，可以突出文章的中心思想。在状物言志和写景抒情散文中，常用此法。如冰心的《小橘灯》，其中小橘灯就是组织材料构思全篇的线索，文章的主旨也是通过不太起眼的小物件——小橘灯，得以充分体现。

③ 以时间为线索。有些事物，从时间进程的角度去考察，更容易表现出其内涵的深刻性，或者美的丰富性。因而，写这类事物的散文构思，往往最适宜以时间为线索。如刘绍棠的《榆钱饭》，以时间的推移为线索，写出不同时期不同年代人们对榆钱饭的不同态度。

④ 以地点为线索。就是以行动时间或者地点的转移为线索来结构全文。如陶渊明的《桃花源记》中有不少表示地点和方位的词语，可见是以渔人的行踪为线索的。

⑤ 以作者的情感变化为线索。我们的感情在生活中发生变化，如由厌恶到喜爱，或者从喜爱到厌恶，就可以用这条感情的线索把一些似乎没有什么关联的材料连接起来。如杨朔的《荔枝蜜》，就是以作者对蜜蜂的思想感情变化为线索层层推进的。

需注意的是，线索的类型及其在具体文章中的表现形式是多种多样的。有的文章线索单一；有的文章线索双重，或虚实结合，或纵横交叉，或一主一次，或平行发展。线索在文中的体现，多半在标题、开头、过渡和结尾段的段首、段尾等处。

（二）绘景托物法

1. 时空交织

描绘景物必须将时空交织起来，进行生动的描摹。因为景致作为一种客观存在，自然要

打上时空的烙印。春夏秋冬、晨昏昼夜、远近高低，同一景色在四季、早晚、各个方位和地点，呈现出来的效果也是不同的。因此，描绘景物既要考虑时间因素又要考虑空间因素。

2. 移步换景

移步换景是指随着观察点的变化，景物也会不断变化。在换景的时候，一定要注意先交代"移步"，否则方位混乱，景象也就模糊了。

3. 点面结合

点和面的关系是局部和整体的关系，描绘景物就要由点及面，才能形成完整的自然画卷，给人以美的享受。

4. 详略得当

画面是讲究比例、对称、疏密的。因此，描绘景物必然要运用简笔和繁笔。画面的主体部分要详写，陪衬部分要略写，只有繁简得当，画面才能完整和谐。

5. 移觉

移觉是人的各种感觉器官的共鸣，即视觉、听觉、味觉、嗅觉、触觉、心理感觉等的相互转移。移觉的前提是移情于物，使物生情。

（三）主旨显露法

1. 一字经纬法

利用散文中的"文眼"，也就是说，由一个字或者一个词语来结构全篇。主旨凝聚的文眼，常常就体现为一个关键的字或者词。

2. 卒章显志法

在文章的结尾点明主旨，给文章增加深度和力度。

随着西方写作技巧的引进，散文笔法显现出多元化的趋势，如梦幻、象征、怪诞、意识流、蒙太奇等，极大地丰富了散文写作的技巧，更加有利于丰富情感的表达。

【思考练习】

1. "形散"既指题材广泛、写法多样，又指结构自由、不拘一格；"神聚"既指中心集中，又指有贯穿全文的线索。散文写人写事都只是表面现象，从根本上说写的是情感体验。情感体验就是"不散的神"，而人与事则是"散"的可有可无、可多可少的"形"。你是怎么样看待形散神聚的？

2. 散文是通过叙事、写景、状物、写人来抒情的，请按照下列要求写四篇抒情散文。

（1）以"母亲的心"为题，选择几个典型事例，写出母亲对儿女的爱护关心。

（2）以"春天的……"为题，补充完整题目景致后，写出春天的景色。

（3）仔细观察天上的云、地上的树、园圃的花草，选取一物，细致描绘，并揭示出一定的哲理。

（4）请写出给你留下深刻印象的一位教师，突出教师的外貌、行动、语言、神态等描写。

3. 仿照鲁迅先生的《从百草园到三味书屋》写一篇叙事散文，注意在叙事中倾注真挚的思想感情。

第三节　小　　说

一　小说概述

小说与诗歌、散文、戏剧，并称"四大文学体裁"。小说具有十分丰富的表现力，可以表现广阔的生活画面和复杂的人物性格，深受广大读者的青睐。

小说是一种以塑造人物为中心，通过完整的故事情节和具体的环境描绘，多角度、全方位地反映社会生活，表达作者对社会与人生的审美认识与体验的叙事性文学体裁。小说有多种多样的分类标准和分类方式（见图2-1）。按题材内容可分为战争小说、言情小说、侦探小说、武侠小说、科幻小说等；按表现形式可分为日记体小说、书信体小说、诗体小说等；按风格流派可分为情节小说、性格小说、心理小说、意识流小说等。最常见的还是根据作品的字数和篇幅容量，将小说分为长篇小说、中篇小说、短篇小说和微型小说。不管篇幅是长还是短，人物、情节和环境始终是构成小说必不可少的三要素。

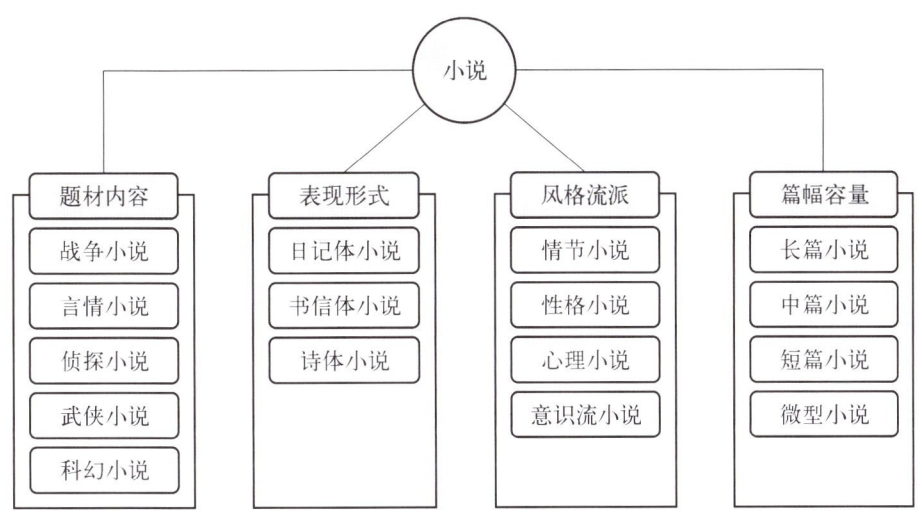

图2-1　小说分类图

中国古典小说萌芽于先秦，发展于两汉，雏形于魏晋南北朝，形成于唐代，繁荣于宋元，鼎盛于明清，如《世说新语》是魏晋南北朝时期的优秀作品，明代四大奇书（《西游记》《水浒传》《三国演义》《金瓶梅》）、三言二拍（《醒世恒言》《警世通言》《喻世明言》《初刻拍案惊奇》《二刻拍案惊奇》），清代的《红楼梦》《儒林外史》《老残游记》《聊斋志异》等。晚清形成了文学观念的变化与现代性的格局，"五四"时期张扬理性，追求个性，创作方法呈现多样化探索。鲁迅是中国现代小说的奠基人，代表作《呐喊》《彷徨》两部短篇小说集。《狂人日记》是中国第一部白话文小说，《阿Q正传》是最早被介绍到世界上的中国现代小说。20世纪30年代小说题材空间拓展，巴金的激流三部曲、老舍的《骆驼祥子》、茅盾的《子夜》等，以各自卓异的艺术风格标志着中国现代长篇小说的成熟。40年代张恨水是中国现代通俗小说界的集大成者；赵树理在解放区小说创作中最具代表性，他的《小二黑结婚》对中国传统的评书体形式加以改造，创造了一种新的评书体小说形式，推进了中国现代小说的民族化。五六十年代的小说主要作品有：赵树理的《三里湾》、曲波的《林海雪原》、梁斌的《红旗谱》、杨沫的《青春之歌》、姚雪垠的《李自成》等，另外还有王蒙的《组织部来了个年轻人》、宗璞的《红豆》、丰村的《美丽》等作品。1978年以来的中国小说呈现出多元化的特色，涌现出"反思文学""寻根文学""意识流小说"等。王蒙的《春之声》《海的梦》《夜的眼》，宗璞的《我是谁》等小说引起了文坛的关注。80年代后期最为引人注目的文学现象是新写实小说思潮的崛起。其创作方法虽然仍以写实为主，但注重对现实生活"原生态"的还原，代表作家及作品有刘震云的《一地鸡毛》《官场》、池莉的《烦恼人生》等。90年代，刘震云是新写实小说重要的代表作家，新写实主义小说表现出强烈的现实参与意识。这一时期出现了新历史主义文学思潮，如陈忠实的《白鹿原》、莫言的《红高粱》、刘震云的《故乡天下黄花》等。随着网络的发展，兴起了网络写作的方式，在某种程度上促进了小说写作的类型化趋势。

（一）小说基本特征

1. 以叙述为主要表达方式

小说或者是讲述一个故事，或者是描写一个生活片段，或者是刻画一个人物形象，均以这种方式来表情达意。

2. 构思不受时空和真人真事的限制

写小说可以展开想象进行虚构。从生活出发又不拘泥于具体的生活事件，甚至人物、情节可以完全"子虚乌有"，根据艺术描写和艺术表现的需要，任意调换和安排时间地点，有极其广阔的创作天地。

3. 艺术表现的中心是塑造典型

小说创作时，必须考虑描写的重点，要把塑造独特的个性置于艺术描写的中心地位。人物形象塑造得如何，往往是衡量一部小说成功与否的一个重要尺度。

4. 有故事情节

小说既然要把刻画人物形象作为重点，就无法离开刻画人物性格的主要艺术手段，也不能离开一定的自然环境、社会环境和具体的故事情节。谌容的中篇《人到中年》、古华的长篇《芙蓉镇》等，这类作品的一个共同特点是将普通人的命运与时代命运紧紧交织，透过人的命运去窥视时代风云和社会人生。

5. 有生动的文学语言

小说要求使用一系列的语言描写去反映生活。故事情节的表述、典型环境的描写、人物肖像描写、心理描写、动作描写以及细节描写等，都对语言的运用提出很高的要求，特别是对人物语言的描写，要求做到人物语言的个性化。

(二) 小说主要类型

要写好小说，必须提供一个好的故事，而这个故事怎么讲，成为一个非常大的学问。一般来说，小说按照篇幅的长短进行分类。长篇小说通常能够深刻广泛地反映社会生活；中篇小说能够展示人生长河中的一个片段；短篇小说通常会截取一个生活片段，以小见大；微型小说只是聚焦生活的一个小镜头，可谓见微知著。

1. 长篇小说

一般认为，篇幅在六万字以上的为长篇小说。在文学创作中，长篇小说居于显要的地位，如《战争与和平》《红楼梦》《人间喜剧》《白鹿原》《平凡的世界》《家》《春》《秋》《穆斯林的葬礼》《围城》，等等。从内容上看，长篇小说往往是一幅具有较广泛、较深厚、较复杂的生活内容的历史画卷。它反映的不只是一个生活片段，而是概括某一阶段的社会历史，概括某一时代的物质生活和精神生活情况，以及社会发展变化的全过程，从而使人能够深入全面地了解某一时代的精神面貌和它的主要特点。在人物塑造上，长篇小说所描写的人物比较多，人物关系比较复杂，人物性格也比较完整。这在中篇和短篇小说中是难以做到的。在结构上，长篇小说的故事情节比较曲折、复杂，往往围绕着一个主要情节，几条线索同时展开，或者几个故事情节平行展开。在主题方面，长篇小说除了表现一个主题以外，还往往表现若干次要主题，这是长篇小说的内容恢宏深刻的重要原因。

2. 中篇小说

一般认为，篇幅在三万字至六万字之间的为中篇小说。中篇小说反映的社会生活内容不及长篇小说广泛，但比短篇小说有回旋余地。故事情节不及长篇小说复杂曲折，但比短篇小说显得完整、细致，人物及其关系不及长篇小说复杂，但是人物活动的天地却可以比短篇小说广阔一些，文字则比短篇小说长一些，如《高山下的花环》《方舟》《人生》《今夜有暴风雪》《棋王》《你别无选择》《烦恼人生》《单位》，等等。还有像《红高粱》《秋菊打官司》《大红灯笼高高挂》《菊豆》等不少由中篇小说改编的电影在国际电影节频频获奖，也能够说明原作的优秀品质。

3. 短篇小说

一般认为，篇幅在两千以上三万以下的为短篇小说。短篇小说往往截取现实生活中的一个断面，或者描写某一事件，情节比较紧凑，故事线索简单明白，结构也不复杂，虽然以写人物为主，但人物关系比较简单集中，篇幅比较短小。当代短篇小说以刘心武的《班主任》开

反思先河,成为当代文学极其重要的一种创作体裁,而阿城的《棋王》、李国文的《月蚀》则使短篇小说的思想内涵大幅提升。一时间短篇小说的影响力甚至超过长篇,王蒙、铁凝、张贤亮、张承志、池莉等一批小说名家涉足短篇创作,诞生了大量精品。莫泊桑、欧·亨利、契诃夫三个人的短篇小说享誉全球,都是以谐谑的话语讽刺了资本主义的黑暗与腐朽,以及人们趋炎附势与赤裸裸的金钱关系,代表作有《羊脂球》《项链》《变色龙》《万卡》《第六病室》《套中人》《麦琪的礼物》《警察与赞美诗》等。

4. 微型小说

一般认为,篇幅在几百至两千字的为微型小说,亦称"一分钟小说""小小说"和"超短篇小说"。它的显著特点是篇幅短小、人物少、故事情节简单,只截取生活中具有特殊意义的某个片段或某个场景进行横断面的描写。在艺术处理上,对情节、环境不做精雕细刻,只集中精力描绘人物、深化主题。节奏紧凑,构思精巧,能产生小中见大的艺术效果。字数上有较严格的要求,一般几百字,至多不超过两千字。因为题材常是生活经验的片段,因此可以有头无尾、有尾无头,甚至无头无尾。高潮放在结尾,高潮一出马上完结,营造余音绕梁的意境。由于比短篇更短,字句也需要更加精练,题材以见微知著者为佳。一个意外的结局虽然能吸引眼球,但文章还是要有伏笔呼应,甚至比起给予读者意外,更重视能否带给读者感动。

二、小说三要素

(一) 人物

人物是小说创作的第一要素。人物形象既是小说刻意创作的核心内容,又是解读小说的一把万能钥匙。塑造人物形象是小说反映社会生活的主要手段,无论情节的设置,矛盾的安排,还是环境的描写,都是为塑造人物形象服务的。

1. 眼光向下,关注小人物的命运

文学是人学。我们面对的人,绝大多数是普通的小人物,他们才是生活的主体。用平民的视角去观察和认识普通百姓的酸甜苦辣、喜怒哀乐,以平民的姿态进行写作,反映平民生活,贴近平民的感情,用平民的语言讲述老百姓的故事。鲁迅的《呐喊》《彷徨》,以圆熟单纯而又丰富多样的手法,通过一系列典型形象的成功塑造,概括了异常深广的时代历史内容,真实地再现了中国人民特别是农民在获得无产阶级领导前的极度痛苦,展示了乡土气息与地方色彩颇为浓郁的风俗画,代表了"五四"现实主义的高度水平。

2. 抓住特点,写出人物的个性

小说写人一定要抓住特点,写出人物的个性,切忌公式化、脸谱化。调动各种表现方法和手段,创造具有鲜明个性色彩的典型形象。人物的核心是思想性格,对人物进行适当的语言描写、心理描写、肖像描写、动作描写等,可以突出人物的个性特征。小说塑造人物,可以某一真人为模特儿,综合其他人的一些事迹,如鲁迅所说:"人物的模特儿,没有专用过一个

人,往往嘴在浙江,脸在北京,衣服在山西,是一个拼凑起来的角色。"任何一部优秀的小说,总有使人难忘的典型人物。人们可以通过这些艺术典型的镜子,看到并理解许多人的面目。茅盾的《子夜》以民族资本家吴荪甫为中心形象,在较大规模上真实地描画出 20 世纪 30 年代初期上海的社会面貌,准确地剖析了中国社会的性质,这是作者运用革命现实主义方法再现生活的出色成果。

3. 血肉丰满,塑造活生生的人

在大多数情况下,人物的思想性格应该是丰富的、复杂的,经过艺术提炼写出人物真实的面貌,使人物像生活中的真人一样,就要写出人物性格的复杂性。要想方设法把人写"活",有血有肉,栩栩如生,跃然纸上,呼之欲出,让读者觉得这些人物就跟他们生活在一起,同喜同悲,同哀同乐,而忘记了有文字和技巧的存在,才能达到小说创作的最高境界。

(二) 情节

小说最基本的要素是故事情节,小说的各种材料,往往要通过情节发展的线索来组织,人物的性格要通过情节来表现,情节是人物性格的历史。只有随着情节的发展,人物性格才能够得以体现和发展。小说的情节,往往负载着一定社会历史的内容,小说的主题也常常要通过情节来表现。小说的情节能够引起读者的共鸣性情感和评价性情感,从而增强小说的艺术感染力。

1. 小说情节展开的可能性与必然性

情节是展示人物性格的基础,人物性格是在人物的行为以及人与人之间的各种关系构成的冲突中显现出来的。情节就是一系列生活事件的演进过程,是人物性格发展的轨迹,是人与人之间矛盾冲突的艺术表现。所以,并不是所有的故事和事件都能写成小说,小说情节的展开必须具有可能性和必然性。可能性指的是动机和原因,必然性就是事件的因果关系和逻辑性,这是小说情节展开的内在驱动力。

2. 在纷纭复杂的生活中寻找恰当的切入点

小说的创作是在纷纭复杂的生活中寻找恰当的切入点,这一点尤为重要,切入点找得好,情节才便于展开。小说切入生活的点要选得小,选得巧,不仅要便于情节的展开,还要具有典型性,富有表现力,真正做到以小见大,以少胜多。对于初学写作小说的人来讲不能贪大求全,故事要尽量单纯,不能枝蔓太多;取材广泛,但要集中;涉及人物不能太多,但要典型;情节简单,但要凝练。

3. 给读者留有创造和想象的余地

小说就是讲故事,它是一种情节的艺术,而不是生活的简单翻版。故事讲得精彩才有人愿意看,愿意听,小说的故事情节如果像生活本身一样平铺直叙,那就没有人愿意读小说了。同样,故事如果讲得太直白,读者也会感到索然无味。小说的情节不仅要写得曲折有致,还要给读者留有足够的想象和创造的空间,不能写得太满。小说写得太满,就难免直白,一览无余,什么都被作者说尽,就剥夺了读者参与创作的权利和机会。

（三）环境

环境描写是指对人物活动的环境和事情发生的背景作描写，环境描写分为自然环境描写和社会环境描写。自然环境描写是指对人物活动的时间、地点、季节、气候及花草鸟虫的描写，其作用是渲染故事气氛，烘托人物形象，推动情节发展，暗示社会环境，深化作品主题等；社会环境描写是指对人物活动的具体背景、处所氛围以及人际关系等作描写，其作用是交代人物的生存环境，交代人物的社会关系，交代作品的时代背景等。

1. 环境是铸就人物性格的外部条件

环境是人物活动的舞台和事件发生的场地，它对人物性格的形成具有决定性的作用。小说写人，不能无视环境对人的塑造作用。小说的环境描写就是要写出文化传统对人的影响，从心理情感到外部行为的全方位影响。

2. 环境是塑造人物形象的重要组成部分

描写环境就是在间接地写人，文章中的环境描写是至关重要的，而且它与文章的主题以及所塑造的人物形象是密不可分的。文章中的环境描写不是可有可无的，而是服务于文章的主题和人物刻画的。

如《孔乙己》中开头对鲁镇酒店格局的描写：

鲁镇的酒店的格局，是和别处不同的：都是当街一个曲尺形的大柜台，柜里面预备着热水，可以随时温酒。做工的人，傍午傍晚散了工，每每花四文铜钱，买一碗酒——这是二十多年前的事，现在每碗要涨到十文——靠柜外站着，热热的喝了休息；倘肯多花一文，便可以买一碟盐煮笋，或者茴香豆，做下酒物了，如果出到十几文，那就能买一样荤菜，但这些顾客，多是短衣帮，大抵没有这样阔绰。只有穿长衫的，才踱进店面隔壁的房子里，要酒要菜，慢慢地坐喝。

这段环境描写就是在间接写人，赋予了人物活动特定的空间，为主人公孔乙己的出场做了铺垫。咸亨酒店正是当时黑暗社会的缩影，酒店虽小，却是社会大舞台的缩影，折射出整个社会的世态人情，具有鲜明的时代特色。孔乙己生活在这样的社会环境里，得不到温饱，没有人同情，没有人怜悯，导致最后悲惨地死去。

三、微型小说写作

微型小说的主题思想单纯明白，简明扼要。反映现实生活及时、迅速，内容集中篇幅短小，写作过程也很短，因而能很快地把所见所闻所感表达出来。情节往往只写一个生活片段、一个场面或者一个小故事，能够敏捷地抓住一件小事，一个突出的、矛盾的、最典型的特征，做轮廓式的、粗线条的、鲜明而概括的描写，情节简单清晰而又有矛盾冲突。

微型小说以写人为主，但是人物关系比较简单，出现的人物少，即使有较多的人物，也是作为背景、陪衬，一笔带过。微型小说在结构上要讲究"巧"，特别是结尾部分。很多微型小说常常采用这种写法：前面略加叙述、交代、铺垫，在结尾部分突然变化，出乎意料或者陡生新意，使人物和主题都得到有力的表现。

微型小说篇幅微小，因此要注意立意新颖、风格清新、情节巧妙、出人意料。构思和行文时必须注意字句的凝练，结构上力求时间、场所、人物都尽可能地压缩、集中，使作品结构简练、精巧。例如，美国著名科幻作家弗里蒂克·布朗写的一篇被称为世界上最短的科学幻想小说："地球上最后一个人独自坐在房间里，这时忽然响起了敲门声……"就写得十分别致而耐人寻味。微型小说主要写作技巧如下。

第一，尽量避免直线的剧情，多设疑、多留白，要善于运用逆向思维、组合思维、发散性思维寻找写作的线索，避免让读者一看到开头就能够猜到结尾。文学作品源于生活，但照搬生活不是文学作品，必须经过艺术加工后的价值生活才是文学作品。如大家熟知的欧·亨利的作品《麦琪的礼物》，一对情谊笃厚却穷困潦倒的夫妻在节日时为了互送礼物而煞费苦心，最后彼此送出的礼物却都没有了任何用处。丈夫卖掉了祖传的金表为妻子买了发梳，妻子卖掉了长发为丈夫买了根表链，看似无用的节日礼物却反映了夫妻二人情比金坚。整个布局都为结尾服务，打破了情节发展惯用的结构手法，给人以新奇感，深化了主题，增加了容量，出人意料，扣人心弦。

第二，微型小说中的人物、情节、环境三要素通常不容易面面俱到，因此要虚实结合，有所取舍。通常来说，故事情节是小说三要素里的重中之重。在微型小说中，情节就是由非同寻常的因果关系造成的，这是一种情理之中意料之外的特殊意义的因果关系，通过作家丰富的想象力，并不排除可以写成中短篇和长篇小说的可能性。也就是说，微型小说可以扩写成中短篇和长篇小说，但中短篇和长篇小说不可以缩写成微型小说。在一般情况下，大多数小说作者，一落笔就浓墨重彩地去叙述描写，甚至可以把人物事件、社会场景、生活细节以及人的心理活动描写得精细入微、入木三分，读者需要的也就是这种文学描写脍炙人口的阅读效果。而微型小说恰恰相反，因为篇幅字数受限制，绝对不可以在细节描写上下功夫，不能面面俱到展开情节描写，必须惜墨如金，在事件过程简约的叙述中，突出人物与人物、事件与事件之间非同寻常的关系，以构成奇特精辟的阅读效果。

第三，创作离不开创新，微型小说要有新意才能够夺人眼球。但创意不是说来就来的，所以平时一定要注意积累。首先要善于观察生活，不断收集创作的素材，以微观反映宏观。从一个点、一个画面、一个对比、一声赞叹、一瞬间之中，捕捉微型小说新鲜的思想。其次要纸笔不离身，以便在任何地方、任何时间记下一闪而过的想法和创意。再次是多阅读，灵感有一半源自别人的作品，当然不是抄袭文字，而是采撷其他人的构思并运用在自己的创作里，可以算作踩在巨人的肩膀上借力。最后是常练笔，哪怕先想好一句有亮点或者爆点的话，再倒推着构思剧情也可以进行练笔，毕竟好文章也是反复修改出来的。

微课：微型小说的创作技巧

【思考练习】

1. 请阅读下面这篇微型小说，填补故事情节的空白处。

《丈夫支出账本中的一页》　　作者：马克·吐温

招聘女打字员的广告费（支出金额）

提前一星期预付给女打字员薪水（支出金额）

购买送给女打字员的花束（支出金额）

和她共进一顿晚餐（支出金额）

给夫人买衣服（一大笔开支）

给岳母买大衣（一大笔开支）

招聘中年女打字员的广告费（支出金额）

2. 以校园生活为切入点，尝试创作两篇微型小说。

第四节　戏　　剧

一、戏剧概述

戏剧文学，通常指戏剧剧本。剧本，也叫脚本，原指戏剧艺术的文学部分，是舞台演出的基础和依据。现在也指影视艺术的文学部分，俗称影视文学，是影视拍摄的基础和依据。没有剧本创作，舞台演出与影视拍摄都将失去艺术创造的依据，导演和演员的再创造能力也无从发挥。剧本具有文学性，可以供人阅读。剧本从艺术样式上可以划分为戏剧剧本、电影剧本、电视剧剧本与广播剧剧本；从审美效果划分，分为悲剧、喜剧和正剧；根据表演形式的不同分为话剧、诗剧、歌剧；根据容量的大小，可以分作独幕剧和多幕剧；从题材内容划分，有历史剧和现代剧，等等。著名剧作有《雷雨》《日出》《原野》《屈原》《北京人》《龙须沟》《茶馆》《蔡文姬》《关汉卿》《万水千山》《马兰花》，等等。

二、矛盾冲突

矛盾冲突是构成情节发展的基础，是展示人物性格的重要手段。可以说，没有矛盾冲突就没有戏剧情节的延伸，也没有人物性格的发展。设置矛盾冲突，首先应该找出矛盾冲突产生的必然性，其次应该找出矛盾冲突解决的合理性。一个矛盾冲突解决了，另一个矛盾冲突随即产生，这就是剧本写作的原动力所在。戏剧中构成剧情发展内在脉络的矛盾冲突，一般

称之为戏剧冲突。

（一）集中性

由于受戏剧演出、影视放映时间上的限制，剧本中所描绘的矛盾冲突，必须具备集中性。所谓集中性：首先指的是所反映的生活领域必须是高度集中的，所设置的人物不能过多，故事情节不要太复杂，人物活动的场景变化也不宜过多；其次指的是要突出刻画主要人物，要集中力量深刻地揭示社会生活本质的矛盾。总之，受时间的控制，剧本所要描写的一般是一个迅速爆发、迅速发展、迅速解决的矛盾冲突的过程。

（二）动作性

戏剧艺术与影视艺术，本质上都是一种可见可闻的动作艺术。它们都是通过演员扮演角色，以剧中人自己的行动和语言来塑造形象。所不同的是，戏剧演出让观众看到的是舞台空间可见、可闻、可感的一切，影视表演让观众看到的是屏幕画面可见、可闻、可感的一切。演员的动作表演：首先是与尖锐、强烈的矛盾冲突紧密联系在一起的，并且始终受矛盾冲突的支配与调遣；其次是与人物自己的身份地位和性格特征紧密联系在一起的，并且始终受人物自身的身份地位和性格特征的支配与调遣。

三、人物对白

在戏剧艺术与影视艺术中，故事情节的发展，人物形象的塑造，以及作者对人物事件的评价与态度，一般都是依靠人物的行动和语言来完成的。戏剧除了必须突出表现动作外，还必须注意通过对话或者独白来刻画人物。这就要求在剧本创作中，要充分注意人物语言的口语化与个性化，同时也要注意潜台词的设置和提炼。

（一）口语化

口语化指的是人物语言的群众性和社会性，它能使观众一听就懂，并且感受到浓烈的生活气息。人物语言的口语化，是使剧本内容生动、丰富的有效途径，也是人物语言个性化的基础。

（二）个性化

个性化指的是人物语言的独特性和性格化，它能使观众一听就知道是谁在说话，而不至于将正在说话的人与其他人混淆起来。人物语言的个性化，同时也指人物语言要符合人物的地位、身份和教养，要符合人物所处的环境，要充分地表现人物的思想特征和精神面貌。因此，注意写出人物独特的说话方式、独特的说话语气和独特的说话腔调，是剧本创作刻画人物形象必须重视的一个问题。

（三）潜台词

潜台词指的是人物没有直接说出来的未尽之言，它能使观众一听就理解人物的言外之意。潜台词，顾名思义就是没有说出来的话，但是它却能通过演员的表演，让观众体会到隐蔽在台词中的真正意思，体察到人物的内心活动。

微课：戏剧潜台词

四、微剧本写作

剧本包括三个要素：矛盾冲突、人物语言、舞台说明。微剧本写作主要注意台词和舞台指示，对话、独白、旁白都采用代言体，在戏曲、歌剧中则常用唱词来表现。剧本中的舞台指示是以剧作者的口气来写的叙述性的文字说明，包括对剧情发生的时间、地点的交代，对剧中人物的形象特征、形体动作及内心活动的描述，对场景、气氛的说明，以及对布景、灯光、音响效果等方面的要求。

微剧本写作要求把内容情节限制在几个场景之中，其中的时间、人物、剧情发展都要经过深思熟虑的安排，以便下一场剧情的进行与发展。主题必须十分明确、贯彻、毫不怀疑。所以，在剧本的创作过程中一定要明确自己要表现的主题是什么，并且从始到终要围绕主题进行剧本的情节内容创作。要想用文字创作，最先想到的因素之一就是语言风格的问题。戏剧的语言除了推动剧情外，还是营造整出戏适当气氛最有效的工具之一。全剧必须围绕着一个贯穿冲突展开情节。

（一）矛盾冲突的写作要求

第一，冲突展开要早，开门见山；

第二，冲突发展要绕，出人意料；

第三，冲突高潮要饱，扣人心窍；

第四，冲突结束要巧，别没完没了。

冲突每一次较量就是一个情节段落，而每一个段落的内部又有着各自的启、承、转、合。剧本创作中连贯的剧情是非常重要的，剧作一般有很多的伏笔，前面的伏笔要为后面剧情的发展做好铺垫。在剧本的创作中为了达到影片强吸引力的效果，就需要制造紧张的场面情节，创造表面张力。

（二）创作注意事项

1. 区别于小说的创作

剧本写作和小说写作是不一样的，剧本的创作主要是用文字来表达一连串的画面，所以要让看剧本的人见到文字就能够即时联想到一幅画面，将他们带到动画的世界里。小说不同，它除了写出画面外，更包括抒情句子、修辞手法和角色心理描述。这些修辞在剧本里，是不应有的。

2. 不要忘记动作的安排

若非剧情需要，剧本里不宜有过多的对话，否则整个故事会变得不连贯，使得缺乏动作，在观众看起来就似在听有声读物一样，成了"肥皂剧"。要知道写的是电影语言，而不是文学语言，只适合于读而不适合于看的不是好剧本。所以，对白越少，画面感就越强，冲击力就越大。例如，写一个人打电话的情景，最好不要让他坐在电话旁不动，只顾说话。根据剧情需要，可让他站起来，或拿着电话走几步，或者加一些打电话时人通常有的动作，尽量避免画面的呆板和单调。

3. 避免节外生枝

微剧本的剧情不宜安排过多的副线,一条主线足矣。微剧本的创作,若是写了太多枝节,在枝节中有很多的角色,穿插了很多的场景,使故事变得复杂化,观众可能会看得不明白,不清楚作者想表达什么主题。若是在同一幕中同时有许多个重要的角色,角色之间又有很多故事,会使得观众在短短时间里无法分清每一个角色的故事情节。

【思考练习】

1. 以《雷雨》为例,具体说明剧本中设置了哪些矛盾冲突。这些戏剧冲突对刻画人物性格有什么作用? 揭露了怎样的社会问题?

2. 设计一个具体的戏剧情境,以对话的形式写宿舍里两位知心同学的谈心,要求突出两个人不同的性格特点。

3. 尝试将一篇小学语文教材中的小故事改编成微剧本,并指导小学生排演。

第三章 网络写作

第一节 网络写作概述

一、网络写作的含义及特点

网络写作是指借用电脑及网络还有一些文本编辑软件即时写作,抒发情感、表达心情并将其发送到网站、平台等客户端的一种方式,能随时记录生活状况、心情感受。它与传统的写作方式并没有本质上的区别,只是书写方式和传播方式有所不同。

相对于传统的写作方式而言,网络写作作为新媒介的一种传播方式,因其本身的特点受到大众青睐。

(一)大众性

传统写作模式是将作品以书写的方式写出来再进行编辑、排版、出版,对作者有很高的文学底蕴及文化程度的要求。而网络写作打破了这种禁锢,任何人都可以成为"作者",利用网络完成一部"作品",其范围也更加广泛。例如,抖音、快手等平台受到大众青睐,很多人开始开设自己的账号发布作品,我们看到的是视频的展示,但制作者首先应该书写文本,再进行拍摄,相当于"剧本"。只要符合要求,不违背政策、规定,就可以成为大众茶余饭后的一项娱乐,越来越多的人参与网络作品创作,这就体现出大众性的特点。

(二)即时性

网络写作区别于传统写作,即时性更强,它更适应时代发展的需求,更能贴近大众的生活。传统写作是一个较为漫长的过程,一篇作品完成要对词句进行反复的推敲和琢磨,而网络写作不用严格强调词语、句子的推敲,节省了校对、排版等时间,可以随时将自己的"文章"通过网络发送出去。例如微信公众号,很多群体拥有自己的微信公众号,发布一些宣传自己群体的活动和信息,公众号可以即时反映这一群体的状态,这就是即时性。

(三)灵活性

网络写作是时代发展的必然产物,当网络越来越成为人们生活中必不可少的因素,人们自然会产生与之契合的一种情感,不论是时代驱动还是兴趣使然,渐渐形成一个想要自由书写人生的群体,而这个群体在自由创作的过程中即衍生出网络作品。因此网络作品的出现是人们向往自由写作的一个表现,其写作的形式、内容、字数、作者都没有严格的限制要求,也不受时间、地域的影响,只要有网络,即便是手机都可以将自己的"作品""发表",这充分展现出网络作品的灵活性。

 二、网络写作的基本要求

网络成为一种传播工具加快了人们对信息的追求,成为生活中必不可少的一部分,网络作品作为网络时代的产物也开始占据人们的生活,由于其"平民化"的特点以至于网络文学成为一种"消遣性文章",也因此被称为"快餐文学"。越来越多的人投身于网络写作的浪潮之中,成为弄潮者,网络作品也必不可少地呈现在生活中,这就要求我们在进行网络写作时应该掌握一些基本要求。

(一) 内容合理,逻辑清晰

现在很多网络小说因其阅读的轻松性受到大众喜爱,但这其中不乏虚构故事情节,脱离现实生活,内容相互重叠甚至完全以想象代替现实的作品,还有的作品更是天马行空,缺少合理性、逻辑性。

(二) 言论导向正确

每一部作品不仅要体现写作者的情感,更应该带给读者一种理解与感悟,言语的导向应该紧跟时代,并带给大众一种正向的激励和引导。尤其是网络评论性文本,应该多一些积极的宣导,少一些消极的宣泄,这样才能起到积极引领的作用。

(三) 情感态度准确

随着信息技术的发展,网络文学也因为其写作形式的多样性、阅读范围的广泛性、接收文本的时效性等特点越来越受到大众的喜欢,逐渐成为茶余饭后的一种娱乐性消遣。但由于写作主体的情感态度、价值取向参差不齐,在一些网络作品中常常会出现消极情绪,而这种情绪会影响写作受体即读者的价值取向。网络文学既然成为一种趋势,在写作过程中就应该承载丰富的精神文化内涵和思想高度,引领大众,带动正确的价值观。

第二节 网 络 评 论

网络评论是继报纸、电视、广播之后的一个新的评论媒介,是针对网络文本或事件进行的评论,体现个体对于事件的态度和认识,其时效性、广泛性强,还能针对评论进行交流。由于网络成为生活中必不可少的一部分，无论是新闻、微博还是短视频，大众都有发表看法的权利和意愿，所以网络评论就展现出其大众性和普遍性的特点。网络评论可以划分为文学评论、新闻评论和热点评论。评论形式可以是传统的评论性文章，其格式包括标题、正文、结论，正文在写作的过程中要有论点、论据、论证。也可以是简短的评论性留言。但无论哪种形式都需要找到写作切入点，有坚定的立场。

一、网络文学评论

网络文学评论是读者在阅读网络文学作品之后，针对网络文学作品进行的评论，多对作品的情节、结构、人物、主题等发表自己的看法，评论的角度可以是赞扬也可以是批评，但评论要有依据，应该是阅读作品后的真实感受，而不应该是人云亦云。网络文学评论有如下要求：

一是观点正确而鲜明。在阅读文学作品之后，读者对作品一般有一个总体的看法和感受，要在议论中体现正确而鲜明的观点。

二是语言准确、有说服力。对作品所反映的主题和对人物形象、语言表达、结构安排是认同还是批评，评论时应有准确的论述和充足的依据。

二、网络新闻评论

网络新闻评论是借助网络对新闻事件发表的评价性文本。随着网络的高速发展，新闻评论也成为各大网站、杂志的一个专属栏目，如人民网的《人民网评》、新华网的《新华观点》等。一篇好的时评能带动舆论的正面价值取向，传递正面声音，这就要求新闻评论在写作时要注意以下几个方面：

1. 立意深远，价值导向正确

网络评论应该紧跟时代，立足于党的方针政策，引领大众积极的价值观。例如，《人民网评：中国青年以实现中华民族伟大复兴为己任》紧扣时代话题对青年提出希望。

人民网评：中国青年以实现中华民族伟大复兴为己任

2. 关注民生，展现大众视角

网络评论不是唱高调，内容不宜"高大上"，或是高谈阔论，要注意阅读的主体是广大群众，因此评论内容应该是贴近人民生活的，这样才能引起共鸣。

3. 发送及时，突出鲜明观点

既然是新闻类评论，那就应该具备即时性的特点，针对突发事件或大众关注的事件进行评论并及时发送，这样才具备评论的意义。同时，新闻评论一定要充分展现自己的观点，条理清晰、观点鲜明且新颖。评论不需要面面俱到，只要能抓住"热点"吸引大众眼球就能达到评论的作用。

三、网络热点评论

网络热点评论是对新近发生的热点话题进行评论。随着网络普及以及大众参与性日渐高涨,无论是微信、热搜、短视频都开设了评论渠道,网民们会针对事件或网络文本内容进行评论,对热点问题的关注度更是空前高涨。

但要注意的是,网络评论导向应该是积极的,不能成为泄愤的灰色地带和不法分子的法外之地,更不能为了博人眼球而胡言乱语。

第三节　多媒体文本

多媒体文本是网络写作的一种写作形式,它是利用计算机技术把文字、音视频、图像等多种媒介一体化,并通过计算机编辑程序对其进行编辑、加工、处理,使之成为一种具有音视频效果的特殊文本。

多媒体文本可以分为图片式多媒体文本、动画式多媒体文本和视频式多媒体文本,就是把文字文本转化成动画、视频等形式呈现给大众,我们所关注的短视频就属于这一类文本。

从写作角度而言,多媒体文本应该是在文字文本的基础上进行后期的制作,就比如演员在拍摄时需要"剧本",应该在具备文本的前提下配以相应的图画和视频。

制作多媒体文本应该注意以下方面:

第一,思想要积极,引领价值。多媒体文本的拍摄首先应该展现积极的价值引领,要带动社会正能量,能够让多媒体受众群体从文本中获得一些感悟。

视频:自然风光

第二,文本是基础,突出主题。在创作多媒体文本时,很多创作者直接拍摄视频,没有文本支撑,因此在制作之后主题不明确,观看者也看不懂拍摄的内容和目的。在多媒体文本制作之前应该明确主题,例如以展现传统文化、青年风采等为主题,要有一个明确的文本制作目的。

视频:我的校园

第三,内容有创新,展现特色。很多多媒体文本制作内容重复,没有创新,这样的多媒体文本势必被大众忽视。例如网络上较受关注的直播,其内容或展现中华传统文化、自然风光、劳动收获,或分享居家、美食、健身体验,都很有特色。

视频:校园的雪

第四节　微　写　作

随着微信、微博等平台的出现,微写作也逐渐成为一种新的写作形式,其表达方式类似于微博评论,因其篇幅短小、针对性强、形式多样,可以通过网络即时发表,成为一种较为流行的写作形式。

一、微写作的特点

第一,篇幅短小。微写作一般在百字左右,可以即时反映心情、感受、对事件的看法。

第二,形式自由。网络微写作可以根据情感的表达和需要配以相应的图片、音视频、动画、表情等。

第三,互动性强。网络微写作是借助微博、微信等平台进行写作的一种形式,可以对其写作文本进行互动和评论。

二、微写作的基本方法

即兴发表,有中心。微写作可以展现出某一时间点对某一问题的情感态度,这一情感态度往往是对事件的初步感受,可以针对事件的某一点发表看法,但要注意突出中心,避免泛泛而谈、铺垫过多,不能体现主要表达的内容。

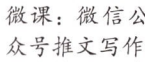

微课：微信公众号推文写作

思路清晰,有条理。微写作虽然不过于强调文字功底和文学底蕴,但其叙述应该具有逻辑性。如果是叙述事件应该按照一定的顺序,如果是心情感受应该突出这一心情、感受的原因,避免"莫名其妙"。

善于发现,有感悟。生活需要一双发现美的眼睛,微写作就是对生活的感悟和发现,用文字的形式进行记录。

第五节　网　络　小　说

网络小说是随着网络发展新兴的一种写作形式,是基于网络,由网络作家发表的小说。网络小说形式多样、题材不限,例如玄幻题材、爱情题材、军旅题材等,网络小说的语言多运用大众语言、网络语言,偏口语化,阅读起来相对轻松,因此成为大众娱乐和消遣的一种常见文本。

一、网络小说的发展趋势及其利弊

网络小说作为受众群体较为广泛的一种写作文本受到大众喜爱,其语言直白,雅俗共赏;其形式、题材灵活多样。网络小说内容简单、娱乐性强的特点使其发展空间较广,但也存在数量太多、内容雷同的现象,且由于审核机制不如正式出版严谨,会有一些常识性错误的出现,这些问题致使网络小说的发展还需要一个不断提升和规范的过程。

二、网络小说的写作技巧

1. 小说主题明确,同中求异,有创新

网络小说属于文学文本的一个部分,作为小说类文章首先应该明确小说要写的内容,突出小说的主题。由于网络小说不限制写作主体,网络作家也层出不穷,各个题材的网络小说大量出现,这就需要小说的内容在同一题材中有创新性,有与众不同的地方,这样才能受到大众的喜欢。例如《鬼吹灯》之所以受到大众喜欢,就体现了作者的大胆想象和创新性,不是单纯的恐怖小说,而是具有悬疑和探索特点。

2. 善用表现手法,情节跌宕起伏,博眼球

想要抓住读者的心理就要具备基本的写作技巧,小说是以记叙为主要写作方式,很多网络作家记叙事件拖拖拉拉,一通到底,使小说像流水账一样缺少可读性。要想抓住读者的心理,可以让事件的发展跌宕起伏,运用设置悬念、伏笔、铺垫、呼应等表现手法,这样可以吸引读者的阅读兴趣,吊足读者胃口。

3. 人物形象丰满,充分展现人物特征

小说是以人物、情节、环境为主要要素的,人物作为小说必不可少的一个环节可以充分展现出小说的主题,因此人物形象的塑造和描写要生动,对于人物语言、动作、神态、肖像、心理等描写要符合人物的身份地位。网络小说《鬼吹灯》在描写胡八一、胖子等人物形象时,运用生动的描写和修辞方法,塑造了以保护文物为目的的"盗墓者"小分队,不仅将人物形象淋漓尽致地展现出来,还充分展现出他们身上的民族正气、爱国情操。

【思考练习】

1. 在以下题目中任选一个作为主题,创作多媒体文本。

(1) 倾听自然的声音

(2) 发现生活中的美

(3) 校园一角

　　2.生活中有很多瞬间让你流连,有很多人让你难忘,有很多事让你有发声的冲动。请以"热爱生活"为主题,任选角度写一段感想或感悟。

　　3.一场猝不及防的新冠肺炎疫情,打乱了人们的生活节奏,将工作生活按下"暂停键"。特殊的经历,让我们有时间去思考自己的生活,思考生命的意义。现在,我们的城市和生活又按下了重启键、快进键,经历疫情之后,人们对生命有了新的感悟。请就"生命"这一话题写一则140字以内的微博。

第一节 求 职 信

一、求职信概述

求职信是个人向用人单位推荐自己,目的是让对方了解自己并录用自己而写的书信。

二、求职信的主要内容

求职信的一般写作格式如下。

标题。居中写"求职信"三个字。

称呼。开头顶格写对收信人的尊称。

开头。开头要说明写信的目的。

正文。这是求职信的主体,在这一部分中要对求职者的基本情况作简单的介绍,包括求职者的身份、应聘的条件等,尤其要着重表现求职者的成绩和应聘这一职位的优势。

微课:求职简历制作

结尾。再次表明自己应聘的强烈愿望。

落款。在求职信最后写上"此致""敬礼"字样以及署名和日期。

附件。如果有与求职相关的补充材料可以附件的形式附在信的末尾。

三、撰写求职信的注意事项

求职信不同于一般的文体,它是求职者向用人单位推荐自己的第一扇门。撰写时应注意以下三点。

第一,篇幅短小。一些求职者认为,求职信一定要向用人单位全面地介绍自己,但这样

做的结果往往会使信中一些无关紧要的信息掩盖了自己的闪光点，并且，面对众多的求职信，用人单位也不会花费过多的时间去仔细研究，因此求职者只需在信中将与自己求职相关的信息表述出来就可以了，不必长篇大论。

第二，语言质朴。用人单位在审核求职信时不会关注信件是否用了优美的语句、华丽的辞藻，相反，这样的语言更会给人一种"做秀"的感觉。在语言方面，求职者只需斟酌词句有无语病，是否流畅即可，不必在遣词造句上过多地下功夫。

第三，不卑不亢。虽说谦虚是美德，但既然写了求职信，就不应该有过分谦虚的言辞，谦虚过度只会让用人单位觉得你能力不足，无法胜任。同样，求职信也忌过分自信，自信是优点，但过分自信就成了自大。有些刚刚走出大学校园的学生便根据自己在学校时的出色表现，推断自己在工作岗位上也一定大有作为，这种自视过高的行为往往会引起用人单位的反感。因此，在求职信中把握好尺度是尤为重要的。

 例文

求　职　信

尊敬的××小学校长：

您好！

感谢您能在百忙之中阅读我的求职信，我从学校招聘启事上看到贵校拟招聘小学美术教师，我有信心胜任这一职位。三年的大学生涯给了我扎实的理论知识，也让我懂得如何与学生相处，我热爱这一职业。

我叫王××，毕业于××师范学院美术专业，从小我就梦想做一名教师，经过大学三年的学习和锤炼，我对自己事业的选择有了更清醒的认识。在校三年间，我积极参加各类活动，在各方面均取得了不错的成绩，2016年，我曾在××区一所教育机构任绘画助教，在与学生接触过程中我学会了如何与他们相处，如何让他们快乐地学习知识，我也真心喜欢他们。这些都更加坚定了我要做一名人民教师的愿望和决心。

希望贵校能给我一个机会，我一定会尽自己最大的努力把这份工作做好，请您相信我，我将用实际行动来证明我自己。

此致

敬礼！

求职人：王××

【思考练习】

根据自己所学专业和特长，拟写一封求职信。

第二节 公务文书

 **一、请示**

请示是下级机关向上级机关请求指示、申请批准事项的公文,行文类型属上行文。其基本格式如下。

标题。标题一般有两种:发文机关+事由+文种;事由+文种。

主送机关。在标题下正文前顶格书写主送机关,一般是具有隶属关系的直接上级机关。在确定主送机关时一般应该注意,主送机关只能有一个,不得多头行文。另外,还应注意不能越级请示。

正文。正文一般由开头、主体、结尾三部分构成。

(1)开头。开头主要说明请示的缘由、根据等,这是得到上级机关批复的主要依据。

(2)主体。这是请示最核心、最重要的部分,在这一部分中要将请示的内容写清楚,以便获得上级机关的批准。

(3)结尾。一般可以写上"以上问题,请批复""请指示""以上要求,请予审批"等。

落款。在正文后写发文机关和成文日期。

 **例文**

关于办理外国专家证延期的请示

××市外国专家局:

我校英语教师美国籍 Krista Ann Lemos 女士,续聘聘期自 2019 年 7 月 1 日至 2021 年 2 月 28 日,原外国专家证于 2019 年 6 月 30 日到期,现申请为其办理外国专家证延期。

专此请示,请批复。

××师范学院

2019 年 6 月 6 日

二、报告

报告是下级机关向上级机关汇报工作、反映情况、提出建议、回复上级机关询问的公文,行文类型属上行文。其基本格式如下。

标题。标题通常有两种：事由＋文种；发文机关＋事由＋文种。

主送机关。在标题下正文前顶格书写主送机关，一般是具有隶属关系的直接上级机关。

正文。正文一般由开头、主体、结尾三部分构成。

（1）开头。开头说明报告的目的、意义、根据及背景，有时可加"现将有关情况报告如下"字样。

（2）主体。在这一部分中要具体说明报告的事项，包括主要情况、得失、改进措施等。

（3）结尾。一般可写"特此报告""专此报告""以上报告，当否，请批示""请审阅""请指正"等。

落款。在正文后写发文机关和成文日期。

 例文

关于××市落实民办代课教师政策情况的报告

省政府办公厅：

　　按照省政府督查室《关于落实已辞退民办教师有关政策的督查通知》（督批〔2016〕23号）督查通知要求，我市积极认真组织所辖县（市）区加快推进落实。现将具体情况报告如下。

　　按照省政府要求，我市尚未完成民办代课教师一次性经济补偿发放任务的县（市）区有4个。截至目前，A市应享受一次性经济补偿的已辞退民办、代课教师共1 720人，经核算，应补偿金额262.84万元，现已为其中2000年辞退的316人发放一次性经济补偿76万元，其余1 404人的一次性经济补偿186.84万元已拨付给各有关乡镇财政所，并要求元旦前完成发放工作，经初步统计，现各乡镇已发放约400人左右，发放资金约50万元。B市财政资金已就绪，即将发放。××区未发放人数依然是930人，所需资金为143.9万元。开发区应发53人，现已基本发放完，只有5人未领取，原因是人在外地，需等本人从外地回××市后领取（详见附件）。

　　特此报告。

××市人民政府

2016年12月28日

三、通知

通知是上级机关用来批示下级机关的公文、转发上级机关或不相隶属机关的公文、发布法规、规章等的一种公文，行文类型属下行文。其写作格式如下。

标题。标题一般有三种格式：直接以"通知"为标题；事由＋文种；发文机关＋事由＋文种。

正文。正文由发文缘由、通知事项、结尾组成。

（1）发文缘由。一般交代通知的意义、根据。

（2）通知事项。交代通知的具体内容和规定等。

（3）结尾。提出执行要求。

落款。写明发文机关和发文时间。

 **例文**

关于调整作息时间落实减负有关规定的通知

各位老师：

按照省委、省政府常务会议精神及省教育厅《关于推后全省中小学生早晨到校时间的通知》要求，为保证学生睡眠时间和身心健康，切实减轻课业负担，现将有关要求通知如下：

一、调整在校作息时间

小学生早晨到校时间为 8∶00，任何班级不得要求或变相要求学生早到校，对于特殊情况需早到校的学生，班级应提前开门，学校最早开门时间原则上不早于 7∶30。各班要合理安排早到校学生自主活动，但不得安排统一的教育教学活动。学生每天在校集中学习时间（包括自习）不超过 6 小时。

二、严格执行教学计划。严格按照国家课程计划规定的总课时数安排教育教学工作，不得随意增减课程和课时，保证学生每天 1 小时的体育活动时间。

三、规范控制作业时量

进一步采取切实措施，在严格控制各年级各科作业种类的同时，控制课外作业量，各班要统筹管理学生的家庭作业时间。小学一、二年级不留书面式家庭作业，其他年级全部课外书面作业量每天不超过 1 小时，切实减轻学生过重的课业负担，在学生家长的配合下，保证学生每天睡眠时间不少于 9 小时，促进学生健康成长。

××小学

2019 年 2 月 28 日

四、通报

通报是为表彰先进、批评错误、传达重要情况的公文，行文类型属下行文。从内容上可以将其分为表彰通报、批评通报和情况通报三类。其基本格式如下。

标题。标题的格式有两种：事由＋文种；发文机关＋事由＋文种。

主送机关。在标题下正文前顶格书写主送机关，主送机关一般为下属单位。

正文。正文由开头＋主体构成。

（1）开头。开头一般概括说明通报的背景、性质、作用和要求。

（2）主体。表彰通报的主体一般由介绍先进事迹、先进事迹的意义、表彰决定和希望号召四部分组成；批评通报要在主体中交代错误事实或现象、错误性质或危害性的分析、惩罚决定或治理措施，最后提出希望要求；情况通报要将事情发生的时间、地点、经过交代清楚并提出希望与要求。

落款。在正文后写发文机关和发文日期。

 例文

关于表彰优秀教师的通报

各区人民政府、市政府直属各单位：

　　在我市推进教育现代化的进程中，优秀教师竞相涌现，为教育事业发展作出了巨大贡献。为进一步弘扬尊师重教的社会氛围，激励先进，鼓励优秀教师脱颖而出，市政府决定对×××等 30 位省特级教师，省、市级名师名校长和×××等 10 位 2018 学年度省、市级各类先进教师进行通报表彰。

　　希望受表彰的同志戒骄戒躁，再接再厉，进一步提高自身素质，在教学和工作中发挥更好的表率作用；希望全市教师以先进为榜样，学先进，赶先进，形成你追我赶、争创一流的良好风尚，为我市的教育事业发展作出更大贡献。

　　附件：1. 省特级教师，省、市级名师名校长名单

　　　　　2. 2018 学年度省、市级各类先进教师名单

××市教育局

2018 年 9 月 6 日

五、决定

决定是对重大事项做出决策和部署，奖惩有关人员，变更或撤销下级部门的一些不正当决定的一种指挥性公文，行文类型属下行文。其基本格式如下。

标题。标题一般有两种格式：发文机关＋事由＋文种；事由＋文种。

正文。正文由开头＋主体＋结尾构成。

（1）开头。一般交代决定的缘由和目的。

（2）主体。主要写决定的内容，这一部分要写得具体明白，层次清楚，以便有关单位执行。

（3）结尾。提出要求和希望。

附件。有的决定需要带附件，附件位于正文之后，落款之前。

落款。在最后写上发文机关和发文日期。

 例文

关于表彰先进党支部、优秀共产党员、优秀党务工作者的决定

各支部：

一年来，在学校党委的正确领导下，学校各党支部和广大共产党员、党务工作者，坚持以习近平新时代中国特色社会主义思想为指导，紧紧围绕学校的中心工作，积极开展争先创优活动，在加强基层组织建设、推动科学发展和促进和谐文明校园建设中积极作为，奋勇争先，充分发挥了基层党组织的战斗堡垒和党员的先锋模范作用。

为了进一步树立典型，弘扬正气，激励基层党组织和广大党员在学校建设和党建工作中继续开拓创新，巩固和拓展学习实践科学发展观活动成果，深入推进我校创先争优活动，团结和带领全校师生员工努力推动学校各项事业又好又快发展，校党委决定表彰一批先进党支部、优秀共产党员和优秀党务工作者。

经评选推荐，校党委会议研究，决定授予×××等5个党支部"先进党支部"称号，授予×××等35人"优秀共产党员"称号，×××等14位同志"优秀党务工作者"称号。

希望受表彰的党组织和党员同志珍惜荣誉，谦虚谨慎，戒骄戒躁，再接再厉，争取更大的成绩，为学校的建设、发展、稳定作出更大的贡献。

学校党委号召，全校各党支部和广大共产党员、党务工作者要以受到表彰的先进集体和个人为榜样，牢记党的宗旨，发扬党的优良传统和作风，以开拓创新的精神、勤奋务实的作风，扎实推进创先争优活动，努力完成学校党委提出的各项目标任务，更好地发挥基层党支部的战斗堡垒作用和共产党员的先锋模范作用，为实现我校建设一流的师范教育类高校目标而努力奋斗。

附件：先进党支部、优秀共产党员和优秀党务工作者名单

×××大学

2018年12月

【思考练习】

一、根据指定内容写作

某市政公司在该市政府领导下为该市修建WF大街路面，为期半个月，因影响交通，特向各界告知。

要求：自选文种，拟定公文标题；字数不限，要求格式规范，条理清晰，简洁明了。

二、指出下列公文文稿的错误之处（指出至少5处），并根据公文写作与处理的要求，

改写为一份正确的公文。

1. 会议内容：筹备为希望工程献爱心活动。

2. 会议地点：政教处办公室。

3. 出席对象：学生会干部，各班班长。

4. 开会时间：5月14日下午5时。

通知：

今天下午，在政教处办公室召开学生会干部或各班班长会议，筹备为希望工程献爱心活动，希准时参加。

此致

敬礼！

政教处

5月14日下午5时

三、根据下面内容写一则公文

学校寝室楼年久失修，造成一些安全隐患，请你代学校向上级主管部门提出申请。

要求：自选文种，拟定公文标题；字数不限，要求格式规范，条理清晰，简洁明了。

第三节　事　务　文　书

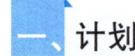
计划

计划是个人、机关、团体等对未来一定时期的工作预先作出安排时所使用的一种文书。计划按内容可分为学习计划、工作计划、科研计划、教学计划等，按期限可分为年度计划、季度计划、月计划和周计划等。其基本格式如下。

标题。标题一般有以下四类：发文机关＋时限＋事由＋文种；发文机关＋事由＋文种；时限＋事由＋文种；事由＋文种。

正文。正文一般首先说明制定该计划的缘由、根据以及完成计划的可行性分析，其次写清楚计划的具体内容，设计完成计划的步骤与方法，最后要对计划实施的前景进行展望或对执行提出一些要求。

落款。署名＋成文日期。

 例文

2018—2019 年度第二学期教学工作计划

一、指导思想

本学期我校将以现代教育理论为指导,以课程改革为核心,以教育教学质量为中心,以提高教学管理和研究的科学化、规范化和精细化水平为重点,大力推进课程改革,多层面地提高教师的专业素质,使我校教育教学工作再上一个新台阶。

二、主要工作

1. 加强常规管理,提高教学质量。

2. 抓好教师队伍建设,通过多种形式提高教师的专业化水平。

3. 加强教研组建设和管理,在"实"字上下功夫,在"研"字上求发展,真正使教研活动经常化、专题化和规范化。

4. 为师生创设广泛的发展空间,以教研活动促进教师、学生个性发展,为师生搭建展示的舞台。

三、具体措施

(一)加强常规管理,提高教学质量

1. 认真抓好常规管理。本学期让全体教师明确我校教学常规要求,自我对照,切实落实常规,有效改进教学,全面提高教学水平与质量。教导处提倡"推门听课、翻本检查"工作制度,要求实行每周五小检每月一大检的常规检查制度。严格执行课程计划,按照课程设置,开满学科,开足课时,确保正常教学秩序。

2. 加强备课、上课、批改作业、后进生辅导的管理。

(1)备课:以"精心"为核心,贯彻"强化意识、深化改革、依托标准、质量为本、实事求是、便教利学"方针,详案、简案相结合,各类形式相结合,集体备课与个体备课相结合,传统型备课与创新型备课相结合。衡量备课的优劣主要有"三看":一看教学理念是否符合课改精神;二看教学设计是否依托标准思想;三看教后反思是否具有针对性、指导性。备课的落脚点是上好课。同时,要在备课上有创意,教学设计要有特色。

(2)上课:有比较充分的教学准备,不打无准备之仗;有比较科学明确的教学目标,教学过程始终体现出教学目标的落实;有循循善诱的魅力和鲜活的教学氛围;有充足的教学资源和形象的教学媒体;有足够的练习时间和宽松的学习舞台;有互动共享的教与学方式的转变;有明显的实效和积极的学习兴趣。

(3)作业:提高作业练习的效能,作业布置精心合理,作业批改及时正确,反馈纠错即时显效。严格控制教辅用书的使用。教师加强班级作业本的管理,整洁齐备。严格控制学生家庭书面作业量。作业要在书写和质量上下功夫。

(4)辅导:大力加强培优补差,确保优秀率,提高合格率。

(5)检查:为了提高教学效率,根据我校的实际情况,本学期将对各学科进行不定

时的质量抽查,以促进教学质量的提高。

（二）抓好课堂教学改革,提高教学效率

1. 课堂教学是实施素质教育的主阵地,是实施新课程改革的实验场所。全体教师要提高认识,结合自身实际情况,以学生为主阵地,以发展为目标,以探索过程为主线,以质疑问答为标志,以教学民主为保证,全面优化课堂教学过程,促进学生综合素质和个性协调发展。全体教师积极参与,通过理论学习提高认识,结合自己的教学实践,开展丰富多彩的教学改革活动。尤其是中高年级,在合作交流、探索的教学方法方向上要有深入的研究。

2. 本学期推动我校推门课/成长课/师徒结对课/教研课,推动我校教师的教学,增强教研的氛围。

（三）大力开展教学研究活动,提高课堂教学

1. 加大教科研的指导和领导力度,实行分类实施,点面结合,推进教改工作的进程,在学校内部、教师间结成对子,共同研究,共同提高,使教师尽快走进新课程。

2. 根据我校实际情况确定骨干教师,支持鼓励教师参加各种培训及各类教研、科研等活动,提高自身素质,树立自己的理念。

3. 教师继续写以反思为核心的自主研学笔记。通过自主学习、自主设计、自主实践、自主反思四个环节,不断优化学科教学、教研活动过程。

4. 努力提高校本培训的质量,制定培训计划和方案,做到边学习,边实践,边交流,边总结,边反思,真正建立起以教师自主学习和集体组织学习为主的体系。

5. 开展实效性、可行性强的活动。充分发挥集体备课优势,共同商讨,共同提高。

6. 加强对教学设施、教学用具的投入力度,配齐短缺电教器材,改善办学条件。

（四）搞好师资培训,提高教师队伍素质

1. 组织教师参加全市各学科岗位培训和教材培训,提高教师的教学能力。

2. 组织全体教师开展教学基本功训练,提高教师的教学技能。本学期将从练钢笔字开始,每周二集中在一楼三个教室,每个主任分管的教师在一个教室进行集中练习,上交作业。

3. 开展教师读书活动,提高教师的综合素养。教师每月读一本书,举行一次读书交流会。

×× 小学

2019 年 3 月 1 日

 **总结**

总结是个人、机关、团体对一定阶段内的工作、学习进行回顾、分析,从中找出经验或教训,以便调整今后的努力方向。其基本格式如下。

标题。标题一般由发文机关、事由和文种组成,有时也可省去发文机关。

正文。总结的正文和计划大体相同,一般也是先写缘由和目的,再具体写明任务、要求和措施等,结尾简述今后的努力方向,表示出更大的决心。

落款。署名+成文日期。

 **例文**

见 习 总 结

"十年树木,百年树人。"一直以来,我以做一名高素质的优秀师范生为目标,全面严格要求自己,不断追求进步,不断完善自己,不断超越自己。

两周的见习生活,使我真正体会到做一名老师的乐趣。同时,它使我的教学理论变为教学实践,使虚拟教学变为真正的面对面教学。

两周的见习生活,让我感慨颇多。我见习的班级是四年级一班,这些九、十岁的小孩子,活泼、可爱、调皮。记得我刚到教室的第一天,下午就有学生送了自己画的画给我,我非常感动。

听了一周的课之后,我走上讲台,开始了自己的第一堂课。刚开始我心里特别紧张,由于经验不足和应变能力不强,课堂出现了"讲课重点不突出,讲课顺序不清,师生配合不够默契"等问题。针对这些问题,指导老师要求我多听课,多向经验丰富的老教师学习,并且指出我教案上的不足以及上课时存在的缺点,耐心地帮我修改教案,在上课方法上对我进行指导,这些都使我受益良多。

为了弥补自己的不足,我严格按照学校和指导老师的要求,认真仔细地备好每一节课,写好每一篇教案,多多向指导老师请教,把握好每次上课的机会,锻炼和培养自己的授课能力。

四年级的小孩子很好动,而且注意力非常容易分散,进而影响教学效果。为了改善这种情况,我给每个小组在黑板上贴小红花,哪个小组认真听课,就给哪个小组加一朵小红花,这种方法取得了很好的效果。

俗话说:"好孩子都是夸出来的。"我在上课时非常注重鼓励学生,只要他们回答完问题,我都用鼓励性的语言对他们说"真好""真响亮""还不错""再想想,也许会有更好的答案",等等。他们得到老师的赞扬,积极性提高了,久而久之,就养成了举手回答问题的习惯。这样做之后,我的课堂气氛活跃,学生情绪饱满,收到了很好的教学效果。

时间过得真快,两周的见习生活已经结束了,在这两周里我的教学能力得到了质的飞跃,我学到了很多书本上学不到的知识。"知识是永无止境的",在取得好成绩的同时,我时刻不忘超越自己,对教育事业的满腔热情将鼓舞着我不断前进。

孟××

2019 年 4 月 17 日

【思考练习】

拟写一篇教师资格证备考学习计划。

第四节 学 术 论 文

学术论文的含义及特征

学术论文是针对某个科学领域中的学术问题进行研究后表述研究成果的理论文章，是学术研究必不可少的组成部分。

学术论文是衡量一个人学术水平和科研能力的重要标志，它具有学术性、科学性、创新性、理论性等特征。

1. 学术性

学术论文首先是学术研究成果的载体，它是作者对某一专业领域的研究，因而具有学术性的特点。撰写学术论文要求作者必须具有较强的专业知识，对本专业的前沿学术动态有很好的了解和把握。作者通过文章将自己观察、实验、分析等得出的新发现、新观点表述出来，阐明自己的学术见解。

2. 科学性

学术论文的科学性，要求作者在立论上不得带有个人的主观好恶，必须切实地从客观实际出发，从中引出符合实际的结论。科学性是学术论文的特点，也是学术论文的生命和价值所在。撰写学术论文要求作者从学科角度出发，运用科学的研究方法进行研究和论证，最终得出科学的结论，所有的调查研究、资料查阅、推理论证都必须准确无误。

3. 创新性

如今是科学技术迅速发展的时代，学术论文是表现科学研究成果的重要形式，因此，无论是哪种学术论文都十分强调创新性，学术论文的研究规模不一定很大，但一定要深入研究，要有独到的见解。没有创新性，学术论文就没有科学价值。

4. 理论性

学术论文在形式上属于议论文，但它与一般议论文不同，必须有自己的理论体系，不能只是材料的简单罗列，而是要对大量的事实、材料进行分析、研究，使作者由感性认识上升到理性高度。

二、学术论文的选题

在确定论文选题时首先要考虑写作论文的客观需要和其研究的必要性,选题要以务实为前提,以能否解决实际问题作为标准;其次是要克服盲目性,对自己的研究方向要做到心中有数,同时尽量避免与他人的研究重复;再者是要选择自己感兴趣的,符合自己研究能力的内容进行研究。具体应做到:第一,选题必须考虑自身是否具备相应的理论基础。第二,选题应该根据自身的学术水平、研究能力量力而定,尤其对于初学者来说,选题宜小不宜大。第三,选题应该考虑对个人的"锻炼"效果。

三、学术论文的结构

引论(提出问题)、本论(分析问题)、结论(总结问题)三部分构成了学术论文的基本结构,下面以一篇毕业论文为例来具体阐述学术论文的结构。

1. 题目、作者(指导教师)

同其他文体一样,学术论文首先要有题目,题目要用简洁的语言来反映文章的特定内容,要求表述准确无误,不超过 20 字。题目的下面要标明作者姓名,如果有指导教师,应在此处注明。举例如下。

立足传统文化视角下,国产动画片对幼儿的影响

赵秀芝

指导教师:顾媛媛

2. 摘要及关键词

摘要是对文章内容不加注释和评论的简短陈述,一般包括研究的目的与意义、研究的内容、需要解决的问题等,不同级别的学术论文对摘要的字数要求也不尽相同,少则 200 字,多则 1 000 字。关键词是反映论文特征的、通用性较强、出现频率较高的词组,一般以 4—6 个词为宜。举例如下。

摘要:动画片是学龄前幼儿极其喜欢的媒体形式,它寓教于乐,使幼儿在快乐中得到教育。中国动画片具有浓郁的文化特色,对幼儿情感、道德、审美等方面有潜移默化的影响,本文阐述了以《孔融让梨》《大闹天宫》为代表的国产动画片对幼儿的身体发展、语言发展、注意力发展、记忆发展、思维发展、情绪发展等方面的影响,并提出幼儿教育相关建议。旨在为幼儿选择适宜的国产动画片提供支持,实现对幼儿的教育功能。

关键词:传统文化;国产动画片;幼儿发展;教育功能。

3. 引论

引论也叫绪论、引言，是论文的开场白部分，在这一部分中，作者要交代本论文的研究背景、研究目的、学术价值等，对正文起到提纲挈领和引导阅读兴趣的作用。语言力求简明扼要，突出重点。举例如下。

> "求木之长者，必固其根本；欲流之远者，必浚其泉源。"优秀传统文化是一个国家、一个民族传承和发展的根本，如果丢弃了，就相当于割断了精神命脉。中国优秀传统文化是中华民族的"根"和"魂"。幼儿是国家的希望和未来，先辈们留下的优秀文化需要一代代传承下去，所以重视幼儿传统文化教育尤为重要。国产动画片作为文化传播的媒介之一，生动形象、活泼有趣、剧情简单，易于幼儿理解接受。幼儿可以在观看国产动画片的过程中潜移默化地接受文化教育，在塑造审美的同时，汲取优秀传统文化精神。研究国产动画片对幼儿的影响，对促成幼儿人格完善、完善幼儿教育有重要意义。

4. 本论

本论是学术论文的主体部分，也是篇幅最长的一部分，在这一部分中作者要运用丰富的论据来对引论提出的问题进行条理清晰、逻辑严谨的分析和阐述。本论部分的内容由观点和材料构成，因此两者必须做到有机结合，用观点统率材料，以材料证明观点。一般来说，材料应按照各自所要证明的观点来安排，即把所有的材料分别划归到每一个分论点之下，随着分论点之间的逻辑关系进行顺序排列，把各个观点和所统率的材料有机地统一起来，为表现论文的中心服务。举例如下。

> 一、国产动画片对幼儿的整体影响
> （一）情景回放
> 情景一：炎热的夏天，爸爸买回了一个大西瓜，一拍西瓜，就发出"咚咚"的声音，辰辰听到情不自禁地咽了咽口水。爸爸用刀切开分成了五块，西瓜瓤看着就很消暑解渴，诱人极了。辰辰挑了一块最大的递给奶奶，又挑了两块大的给爸爸妈妈，最后他比较了剩下的两块，拿走那块最小的，把大一点的留给了妹妹。爸爸问辰辰："辰辰为什么吃最小的啊？"辰辰说："我要向孔融学习！"大家都笑了："哟，我们家也有个小孔融呢！辰辰真是个懂事的好孩子！"
> ……
> （二）现状呈现
> 1. 幼儿喜欢看动画片
> 具有美丽外表的动画片形象是最受幼儿喜欢的，很多幼儿都表示回到家经常看动画片。幼儿的年龄特征决定了他们的思维活动感性、形象，特点是大轮廓、粗线条的，易

于抓住外部特征。这种特点也同样反映在他们的社会认知上。因此外表美好的形象最能使他们得到审美享受。

2. 传统文化蕴含在国产动画片中

……

3. 幼儿爱好有明显性别差别

……

（三）影响探究

1. 国产动画片对幼儿感知觉发展的影响

幼儿正在经历感官的敏感期，所以要对幼儿的感官给予适宜数量和质量的刺激。动画片营造了一个个轻松、快乐、色彩鲜艳的场景，并且卡通人物造型夸张、可爱，配音效果强烈，符合幼儿的心理；情节妙趣横生、诙谐夸张，在较短的时间内以浓缩的方式给幼儿的感官施以多通道的刺激。这种从视听动觉多方面产生的感官刺激会传递到大脑皮层，使大脑处于活动状态，形成兴奋优势中心，产生积极的情感体验。幼儿观看动画片实际上就是在接受感官训练。

2. 国产动画片对幼儿认知能力发展的影响

……

3. 国产动画片对幼儿情感发展的影响

……

二、国产动画片对幼儿的具体影响

（一）影响来源

1. 国产动画片内容

动画片主题比较鲜明，围绕一个中心展开故事，故事一般都充满了奇思妙想，有利于开发幼儿的想象力，触发快乐的情感体验。动画片中所蕴含的道理是比较通俗易懂的，这就比较符合幼儿思维发展的特点，对于幼儿思维结构的建构、逻辑框架的确立是非常有益的。

2. 国产动画片人物形象

……

3. 对幼儿的感官刺激

……

4. 对幼儿的审美培养

……

（二）影响原因

1. 幼儿爱模仿的天性

在社会学习理论中，榜样导致幼儿因模仿而在生活中产生行为复制。学习者观察到他人（榜样）在一定条件下表现出来的行为，就能够学会这种行为。看了动画片《大头

儿子和小头爸爸》后，大多数幼儿都能模仿大头儿子的谦让和乐于助人的行为。看了动画片《阿凡提》后，幼儿能明白做事情要多动脑筋。这在一定程度上影响了幼儿亲社会行为的发展。幼儿可以通过观察榜样的行为而习得新行为。

2. 动画片本身的特性

……

3. 家长的态度和看法

……

三、幼儿观看国产动画片的建议

（一）注意动画片的筛选

成人要正确认识动画片，筛选出寓教于乐的优秀国产动画片，避免幼儿接触过于暴力血腥的动画片。教师和家长要根据动画片内容，及时对幼儿进行启发教育，因势利导。

（二）观看动画片要有度

……

5. 结论

结论是一篇学术论文的结尾部分，是对整篇论文的总结概括，一般来说，结论应该简明、精练地指出研究的结果或结论性的意见，它不是对引论的简单重复，而是将严密推理和论证结果概括后所得出的最后结论。举例如下。

动画片作为幼儿认识世界和精神娱乐的重要媒介，是幼儿教育中不可缺少的，绝不能排除在幼儿教育之外。动画片中的故事内容、人物形象等会直接作用于幼儿，影响他们对动画片的认同感，最终影响自己的心理和行为。幼儿是动画片受众的重要组成部分，需要有针对性地设计符合他们心智发展和审美趣味的国产动画片，使其能观赏到有益于成长的优质动画片。教育者应该更多地关注幼儿的"看文化"，在立足传统文化的基础上为幼儿挑选适合观看的优秀国产动画片。在选择和使用国产动画片的时候，不仅要选择能吸引幼儿的感性的动画片，还应该更多地注重对幼儿的理性教育，发挥动画片的教育作用，在培养幼儿自身素质的同时，将我们的传统文化传承下去。

6. 参考文献及附注

参考文献是论文的作者在研究和撰写过程中，将对其产生明显影响的文章和书籍，在正文最后逐一列出。附注是对论文中引文的出处作出的说明或对文中某些文字的注释，附注的方式一般有夹注、脚注和尾注三种形式。举例如下。

[参考文献]

[1] 习近平.在中国共产党第十九次全国代表大会上的报告[R].北京,2017.

[2] 李佳蓬.青年世代[M].上海：上海文艺出版社,2021.

【思考练习】

根据自己所学专业,拟写一个毕业论文的提纲。

第五节　教　学　文　书

教学文书写作是教师必备的职业素质之一。教学改革的不断推进,教学理念的不断更新要求小学教师能熟练书写各种文章,且内容符合文体要求,语言得体,语句通顺。

一、教学设计

教学设计是教师为顺利而有效地开展教学活动,根据课程标准的要求,以课时或课题为单位,对教学内容、教学步骤、教学方法等进行具体安排和设计的一种实用性教学文书,教学设计通常又叫作教案,教案中对每个课题或每个课时的教学内容、教学步骤的安排,教学方法的选择,板书的设计,教具或现代化教学手段的应用,各个教学步骤、教学环节的时间分配等,都要经过周密考虑,精心设计而确定下来,体现出很强的计划性。

(一) 教案的结构

写教案的具体内容包括以下十项：

课题(说明本课名称)；

教学目标(说明本课所要完成的教学任务)；

课型(说明课程的类型,如属新授课、复习课还是习题课)；

课时(说明属第几课时)；

教学重点(说明本课所必须解决的关键性问题)；

教学难点(说明本课在学习时易产生困难和障碍的知识点)；

教法、学法(教法是说明辅助教学使用的工具或方式,包括教具准备、多媒体课件、影音资料等；学法是学生的学习方法)；

教学过程(或称课堂结构,说明教学进行的内容、方法、步骤)；

作业处理(说明如何布置书面或口头作业)；

板书设计（说明上课时准备写在黑板上的内容）。

（二）教案写作

教案编写是一个复杂的过程，它起始于分析教材、分析学生、设计教法等一系列细致复杂的工作，由众多的环节组成。第一个环节要分析教材，了解教材的组成、内部联系、外部联系，形成适宜的教学内容；挖掘教材中可能具有的培养学生能力、进行思想品德教育的因素并确定教材的重点与难点，为设计教学方法、编写教案提供依据。分析教材是编写教案的基础工作。第二个环节要分析学生，主要分析一般学生学习这段教材的知识准备情况，他们的智力、认知能力水平以及学习掌握各种类型知识的一般心理过程。此外，还应了解特殊学生（平时学习水平很高或者学习十分吃力的学生）的状况，以便从学生实际出发，研究有效的教学方法，编写教案。分析学生是编写教案的又一项基础工作。第三个环节要设计教学方法，教师要在分析教材和学生情况的基础上，精心设计教学方法，设计教法时，既要考虑全课以哪种教学方法为主，又要考虑各部分教学内容适宜采用的方法。针对一段教材内容，既要考虑师生互动的方式，又要考虑学生的学习方法，同时还要考虑选择什么样的教学手段和教具，以便协调各教学要素之间的关系，顺利而高效地进行课堂教学活动。最后一个环节就是编写教案，教师将上述各项工作的成果，按照教案的基本内容和形式，用书面的方式总结概括表述出来，就形成了课堂的教学计划。

以下以一节新授课教案为例简要介绍教案编写中个别项目的编写要点。

1. 教学目标

教学目标是师生通过教学活动预期达到的结果或标准，是对学习者通过教学以后能做什么的一种明确的、具体的表述，主要描述学习者通过学习后预期产生的行为变化。教学目标难易要适度，课时教学目标应当堂达成，不宜定得过高。同时，要注意重点教学目标的设计。教学历来提倡一课一得，教学目标也要体现这一精神。

教学目标设置的具体要求如下：

（1）必须明确陈述主体对象是学生；

（2）必须体现出教学的三个维度，处理好知识与技能、过程与方法、情感态度与价值观三者之间的关系；

（3）教学目标的设置必须是明确、集中、恰当、具体的；

（4）教学目标的设置必须是可观察、可检测的。

2. 教学重、难点

教学重点一般指教学中的关键性内容。一节课的教学内容往往包含若干知识点。这些知识点并不同等重要，其中总有一两个处于统领地位，我们称其为教学的重点。教学难点一般指教师难以讲授的知识和学生难以达成的行为。教学重、难点的设置要考虑重点如何突出，难点如何突破，深度如何把握这三个方面。

3. 教学方法

教学方法是教师把自己的学识传授给学生的手段。在教学中，教师不应只是传授知识和技能,更重要的是教会学生主动学习和掌握知识的能力与方法。具体教学方法的设定要遵循两点:一是要优化教法,因材施教,因学而教,因势利导;二是要选择学法,提倡自主、合作、探究式的学法,而学法的指导也要体现自主性、针对性、操作性、差异性和巩固性。

4. 教学过程

在教案书写过程中,教学过程是关键。一般教案的教学过程包括以下六个步骤。

(1)导入新课:教案中新课的导入可以采用多种方法,但要注意导入设计是否新颖活泼、精当概括;能否吸引学生、激发学习兴趣;怎样进行复习,提问哪些学生;还要格外注意控制导入新课的时间,时间不宜太长。

(2)讲授新课:新课的讲授是教案中最主要的环节。要针对不同教学内容,选择不同的教学方法;要考虑怎样提出问题,如何逐步启发、诱导;思考教师怎么教、学生怎么学;教案中还要详细体现出教学步骤的安排,合理估算时间。

(3)巩固练习:这一环节练习的设计要精巧,有层次、有坡度、有密度。要体现出为什么这样设计,要与课堂授课内容相关联,同时还要表明怎样进行,如何在黑板上进行板演等,同样也需要合理估算时间。

(4)归纳小结:教案中需要设计课堂小结的形式和方法,安排好是教师还是学生进行归纳,大约需要多少时间等。

(5)作业安排:教案中明确给学生布置哪些内容的作业,布置作业要考虑知识的拓展和学生的能力。

(6)设计板书:板书是一个微型教案,是一节课的框架、要点或题眼。可以在流程中体现,也可以在最后呈现。

应该认识到,仅仅掌握教案的一般编写方法是不够的,因为编写教案不是一项孤立的工作。教案编写的水平高低,很大程度上取决于钻研教材、研究学生实际状况和设计教学方法的水平,取决于教师对学科知识掌握的深度和广度,还有教师的教育思想是否端正等。因此,教师应努力从多方面不断提高自身素质,这才是提高教案编写水平的关键所在。

二、说课稿

说课是指教师在备课的基础上,在授课之前对领导、同行或评委用口头语言讲解教学设想及其理论依据的一种教研活动。在师范院校,说课是为培养合格未来教师而进行的教师职业技能训练的一项重要内容。说课的类型有研究性说课、示范性说课、评比性说课、检查性说课等。

(一)说课的内容

1. 说教材

内容包括说教材的特点、所授课的教学内容,分析本课在整个教材中的地位,本课的教学目标、教学重点、难点等。教学目标应体现知识与能力、过程与方法、情感态度与价值观三

个方面。

2. 说教法

内容包括说本课选择何种教学方法、教学手段及其理论依据,如讲授法、谈话法、讨论法、演示法、参观法、练习法、实验法、陶冶法、发现法、探究法、读书指导法、任务驱动法等。

3. 说学法

说学主要说明学生要"怎样学"的问题和"为什么这样学"的道理。分析学情(学生的学习、生理、心理特点),说本课拟教给学生什么学习方法,培养哪些能力等。

4. 说教学程序

这是说本课的教学思路、实施步骤、方法运用、板书设计等,并说明其理论依据。

(二)说课稿写作

1. 明确说课内容和要求

关于说课的内容,没有固定不变的"框框",通常包括说教学目标、说教材、说学生、说教学方法和教学程序这四项内容,其中说教学方法里包括教师的"教"和学生的"学"两个方面。不但要说出"怎样教"还要说清"为什么这样教"的理论依据(包括课程标准依据、教学法依据、教育学和心理学依据等),既能知其然,又能知其所以然,达到理论与实践的有机结合。

2. 掌握说课的技巧

对说课的内容要分清主次,教师在说课时对说课的各方面内容,不能平均使用力量,不能"眉毛胡子一把抓",要分清主次。对次要部分只要说清"是什么"和"为什么"即可。应把主要力量放在说教学程序上,这部分才是说课的重头戏。

三、听课笔记

(一)听课概说

听课是教学研究的有效手段,开展听课评课活动,研究并改进教学中存在的问题尤其重要。听课是教师或者研究者凭借眼、耳、手等自身的感官及有关的辅助工具(记录本、调查表、录音录像设备等),直接(也有间接)从课堂情景中获取相关的信息资料,从感性到理性的一种学习、评价及研究的教育教学方法。听课有利于掌握和了解教师贯彻落实教育教学法规、政策和要求等现状,有利于了解教师的教育教学质量及水平,有利于良好教学风气的形成、促进教学改革深入有效地进行,有利于总结和推广先进的教学经验和方法,促进教师特别是青年教师的学习提高和成长。

应该说,听课是教师专业化发展的重要途径,教师在课堂教学中往往意识不到自己的教学行为,通过听课不仅可以学习别人的经验,吸取别人失败的教训,用别人的方法指导自己的教学,更主要可以对自己的教学进行反思和研究,将一些听课得到的感性认识归纳为理性认识,发现自己教学中的不足,通过取长补短,相互交流,改进自己的教学,就可以共同提高。

（二）听课笔记写作

听课要做到听、看、记、思有机结合,听课不仅是复杂的脑力劳动,而且是一种方法和技能。下面对于如何记录听课笔记重点归纳出四点内容。

1. 听

听教师是否体现新理念、新方法和新要求;是否重点突出、详略得当;语言是否流畅,表达是否清楚;是否有知识性等错误;是否有创新的地方;教师的思维是否开阔,学生的发言是否准确。

2. 看

看教师主导作用的发挥,教态是否亲切自然,板书是否规范合理,教具(包括多媒体等)运用是否熟练,指导学生学习是否得法,处理课堂偶发问题是否灵活巧妙,以及学生主体作用的发挥等。还要看课堂气氛是否活跃,学生是否参与教学过程,全体学生的积极性是否得到调动,学生良好的学习习惯是否养成,学生分析问题和解决问题的能力是否得到培养等。

3. 记

对内容要选择重点,文字要精练,记录要详略得当。一般要记教学过程、板书设计、教师的重点提问、学生的典型发言、师生的互动情况、有效的教学方法和手段、教学中的失误等。原则上听课记录应包括两个方面:一是教学实录,二是教学评点。根据听课的类型,有些记录应该全面一些,有些记录则要突出某一个方面。教学过程可以简明扼要地记录,讲课中符合教学规律、有创新、有特色的好的做法或存在的问题和不足等可以详细地记录,对一些问题的思考或自己的见解也可以详细地记录下来,以免遗忘。

4. 思

教师为什么要这样处理教材,换个角度行不行、好不好;对教师的亮点和不足或出现错误的地方要思考原因,并预测对学生所产生的相关性影响;如果是自己来上这节课,应该怎样上,可以适当进行换位思考;如果自己是学生,是否掌握和理解了本课的教学内容;新理念、新方法、新要求等到底如何体现在日常课堂教学中,并内化为教师自觉的教学行为;本课是否反映了教师正常的教学实际水平,如果没有听课者,教师是否也会这样上,等等。以上内容都可以作为听课笔记的内容。

四、评课稿

评课就是听课分析,以一定的标准尺度,实事求是地对课堂教学的内容、结构、方法、效率作出科学的理论分析与价值判断,是对授课教师的课堂教学得失、成败进行评议的一项活动,也是学校教学、教研活动中常见的一种基本形式。通过评课,听课者与授课者可以取长补短,共同提高教学业务水平。评课者应高度重视,积极参与,充分发挥出这种教研活动的作用和实效。

评课的内容有以下七点。

（一）评教学思想

从教学思想这一角度出发，依据课堂教学活动的实例，评议教学思想在课堂教学中的体现。内容包括授课教师面向全体学生的思想、培养学生能力和发展学生整体素质的思想、运用现代教育理念的思想、尊重学生主体地位的思想等。

（二）评教学目标

教学目标又称教学目的，评价教学目标主要看：授课教师的教学目标是否符合课程标准、教材要求；所确定的教学目标、要求是否明确、具体，是否符合学生认知规律；是否体现知识与能力、过程与方法、情感态度与价值观"三维"目标；课堂教学是否围绕既定的目标进行等。

（三）评教学内容

评价教学内容主要看授课教师对教材中的概念、原理（理论）、观点、结论的讲授及运用是否准确、完整；知识讲解的逻辑是否严密，条理是否清楚，层次是否分明，是否做到深入浅出；知识重点、难点的确定及讲解是否恰当，重点是否突出，难点有否突破；理论联系实际的事例、材料是否准确、科学、典型，是否贴近社会和学生的现实生活，是否具有说服力；教学内容、分量安排是否适当等。

（四）评课堂结构及教学组织

评价课堂结构及教学组织主要看课堂结构中各环节是否完整、合理，时间安排是否恰当；课堂教学组织是否严密、紧凑，过渡是否自然；课堂上是否注意学生的学习纪律和信息反馈，师生互动是否良好，课堂气氛是否活跃等。

（五）评教学方法及教学手段

教学方法和教学手段主要看教法是否得当，是否符合学生的认知规律，是否灵活且有实效；是否面向全体学生，是否激发学生的学习兴趣，启迪学生思维；是否注重学法指导及培养学生学会学习的能力；是否正确、有效地使用现代多媒体教学手段等。

（六）评教学效果

教学效果主要看授课教师是否按时、按量、按质完成了教学任务和目标；学生是否掌握、理解了所学知识和内容，学生的能力是否有所提高；课堂渗透德育是否自然有实效；整个课堂教学是否有特色等。

（七）评教师基本素质

教师教学的基本素质由教学语言、教态、板书、教案、学科专业知识等部分组成。

教学语言主要看运用普通话是否标准、流利；语速是否适中，声音是否洪亮，语言是否准确、简明、生动，过渡是否自然，有无口误；是否使用学科专业术语等。

教态主要看仪表是否端庄、整洁；教态是否自然、亲切、大方；有无爱护、信任学生的表情等。

板书主要看"三笔字"功底怎样（特别是粉笔字）；板书格式是否规范、清晰；板书设计是否合理、精良、美观；有无笔误和错别字等。

教案主要看"三笔字"中的钢笔字功底如何，教案书写是否规范，项目是否完整，内容是否适用等。

学科专业知识主要看教师学科知识功底是否深厚；讲解是否准确，有无知识性错误。

五、教学案例

教学案例是真实而又典型且含有问题的事件。简单地说，一个教学案例就是一个包含疑难问题的实际情境的描述，是一个教学实践过程中的故事，描述的是教学过程中"意料之外、情理之中"的事。

（一）写作基本要素

关于教学案例的写作格式目前并没有很严格的要求。一般来说，一篇案例应该包括以下五个基本要素。

1. 背景

主要交代事件发生的有关情况，如介绍一节课，可以介绍教材内容、教学目标、学生情况、教师情况等。这是为了让读者更好地理解主题，并不需要面面俱到，要跟主题相关，重要的是说明事件的发生是否有什么特别的原因或条件。

2. 主题

每个案例都要有一个主题，有的时候案例的标题就是案例的主题。写案例首先要考虑这个案例想反映什么问题，是想说明怎样转变后进生，还是强调怎样启发思维，或者是介绍如何组织小组讨论等，动笔前都要有一个比较明确的想法。同时，写作时应该从最有收获、最有启发的角度切入，选择并确立主题。

3. 细节

有了主题，写作时就不会有闻必录，而是对原始材料进行筛选，有针对性地向读者交代特定的内容。细节描述时要注意围绕主题，相关的尽量写详细点，无关的简略写甚至不写，才会突出主题，思路清晰。

4. 结果

让读者知道结果，将有助于加深其对整个教学过程的了解。案例不仅要说明教学的思路，描述教学的过程，还要交代教学的结果，或者说某种教学措施的即时效果，包括学生的反应和教师的应变等。

5. 评析

对于案例所反映的主题和内容，包括教育教学的指导思想、过程、结果，以及利弊得失，作者要有一定的分析和思考。分析是在记叙基础上的议论，可以进一步揭示事件的意义和价值，思考是为了让读者能得到更多的启示。比如，同样一个"合作学习"的案例，可以从教育学、心理学、社会学等不同的理论角度切入，揭示成功的原因和科学的规律。评析不一定是理论阐述，可能是就事论事，有感而发。应该注重对解决问题的方法的深入分析，指出哪些遵循教育规律，哪些违反教育规律，应如何改进，便于读者在以后的教育教学中引起注意。

应注意,案例应包含以上五个要素,但在写的时候每个要素并不是截然分开的,也不一定要一个一个要素按顺序写,一般可以分成三大部分:案例背景、案例介绍、案例分析。

（二）写作要求

1. 要有丰富的素材

教师要写好案例,首先要有素材,每一位教师在其教育教学生涯中,都会面对大量学习能力、学习风格迥异的学生:有些某门学科成绩优异,而其他学科却显得薄弱;有些学习能力突出,但社会性发展稍显滞后。诸如此类都可以经过一定的思维加工,以案例的形式体现出来,成为大家共同探讨的对象。

捕捉写作素材可从以下五点入手:① 从教学实践的成功中捕捉。② 从教学实践的失误中捕捉。③ 从学生学习的成功中捕捉。④ 从学生学习的失误中捕捉。⑤ 从听课活动中捕捉。

2. 要有恰当的理论分析

一个成功的案例,还要求有恰当的理论分析,提高案例的说服力和可读性。写案例时,可以试试三个步骤:第一步,收集、整理实践素材(自己的或他人的);第二步,经过分析研究,提炼出有价值的东西,并有所感悟,这实际上就是反思;第三步,进一步把相关事件串联起来进行剖析,举一反三,寻找理论的支持,写出有质量的案例。

3. 要有独到的见解

同一件事,可以引发不同角度的思考。从一定意义上说,案例的质量是由作者思考水平的高低所决定的。因为,选择典型事件,揭示人物心理,都是从一定的观察角度出发,在一定的思想观点的引导下进行的。要从纷繁复杂的教育现象中发现问题、提出问题、解决问题,写出人们想知道的而不能够及时发现和表述的问题关键点。

六、教育随笔

随笔,又叫随感、笔记,是一种古老的散文体裁。随笔选材广泛,形式自由,是随时反映见闻感受的一种文体。教育随笔就是用随笔的形式,反映教育实践中的经验、教训和感受、体会,或针对教育实践中的问题发表自己的意见、见解的教育应用文书。教育随笔形式自由,它有时像小品文或杂文,有时又像日记或杂记,在教育实践中主要有这样一些样式:教学笔记、教学反思、读书笔记、教学札记、教育教学随感录、备课笔记等,这些都属于教育随笔的范畴。教育教学随笔短小精悍、迅速及时、取材广泛。大的方面而言,可以写教育方针、教育思想、教学原则、教学方法等教育思想理论方面的问题;小的方面而言,可以写一件事、一个字词、一句话、一个动作、一点感触、一个问题等教育第一线最具体的东西。总之,选材只要扣住一个"新"字就可以入文。

（一）写作要点

1. 选择材料

一要选择具体的材料。这条要求乍看与其他文体的写作要求一样,其实对教育随笔来说更具有特殊意义。教育随笔最常见的写法是叙议结合,它往往针对某一具体的教育现象发表观点看法,离开了具体的教学现象,观点看法就无从谈起,议论只能是空发。这里所说的教育现象可以是一件具体的事,也可以是一个词、一句话、一个实例,材料的叙述可详可略,但一定要具体,有了具体的材料就能有的放矢,切中要害。教育随笔也有只描述教学现象的写法,这种写法就更要求材料的具体性。

二要选择典型的新鲜的材料。材料的典型性也是文章选材的普遍要求,典型指的是既有代表性又有普遍意义。我们记录的教学现象中,性质相同的可能会很多,当然就要选择最典型的来写。自身对于某些教育现象有所感触,别人可能也会有同感,甚至可能已经诉诸文字。如果我们选择的材料平庸,甚至落入俗套,就犯了人云亦云的大忌,因此一定要选择新鲜的材料,新鲜的材料会给人耳目一新的感觉,能够吸引读者。

三要选择"小"的材料,以小见大。前文提到过,教育随笔是一种短小精悍的文体,所以一般不就大是大非问题写成长篇大论,它受篇幅所限,只宜选择"小"的材料。面对表面上看起来"大"的材料,我们要采取大中取小、化大为小的方法,从小处着眼来选择材料。

2. 选好立意

首先,观点要正确深刻。教育随笔有时形同杂文,那么就要像杂文一样深入地剖析问题,从表面现象下挖出深藏于事物内部的本质的东西,因为见解深刻的观点更能起到发人深省的作用。对现象的分析还要符合教育方针政策和教育理论,符合时代发展潮流,切忌片面偏激。其次,观点要新颖。写文章要言前人所未言,发前人所未发。有的教育现象可能在不同的时代出现过,也曾被同行们议论、分析过,但时代不同,我们对问题的看法也不同,就是同一时代,我们也可能会对同一现象产生独到的见解,关键就是要找准看问题的视角,用新视角去看问题,就会有新的见解,就能给人新的启迪。新视角就是要改变平常人的思维习惯,运用辩证思维、逆向思维等方式去思考。要做到观点新,还要找准立足点,立足点不同,观点也不同。

(二) 写作技巧

1. 标题的拟写

教育随笔的标题与其他教育应用文书的标题不同,除了简洁鲜明外,还要生动、有趣、醒目、传神、富有吸引力。教育随笔的标题还要像杂文标题一样深刻有力。

2. 结构的安排

教育随笔的形式比较自由,结构也比较简单,有叙事的,有议论的,有叙议结合的,叙事和议论是这种文体的两大主要板块,常见的主要有先叙后议、先议后叙、叙议交替、先引后议这几种构成方式,写作时可参照采用。

3. 语言的选择

教育随笔的语言往往分为叙述语言和议论语言两种。叙述语言部分要求尽量生动简洁,能够以精练的语言概括事件的主要细节和过程。议论部分的语言要精辟透彻,启人思考。总之,教育随笔的语言要力求做到精要、准确、生动、活泼、新鲜,充满个性和灵性。

【思考练习】

1. 利用见习、实习的机会到小学听课，完成5—10篇不同课型的听课笔记，选取优秀的篇目进行全班交流。

2. 认真观看全国优秀小学语文或小学数学的观摩课录像，依据观摩课写一篇评课稿，并且利用自习时间进行全班交流研讨。

3. 利用见实习的机会深入小学了解小学的教学实践。划分学习小组，采用各种方式，利用各种条件，了解小学学生、教材、教学目标和任务、教学措施等方面的情况，最后以小组为单位提交一份小学语文或数学的学期计划，在全班进行交流汇报，评选出最切实可行的教学计划。拟设教学实际情况，对教学计划的实施进行设想，总结学期工作，再提交一份教学工作总结。

4. 利用在小学听课的机会，选取一节课作为分析对象，写一篇小学教学案例或教学随笔。

5. 以人教版小学语文教材第五册的任一篇阅读课为例，编写一份新授课教案，在全班进行模拟教学，课后完成一份教学反思。

6. 利用到小学见实习的机会，完成一份关于小学生学习的调查报告。

附：教案

《匆匆》　第一课时

赵　昭

一、教材分析

《匆匆》是人教版小学语文六年级下册第一单元的第二篇课文。作者是著有"现代散文典范"的著名作家朱自清。文章通过燕去燕来、草木枯荣及对生活琐事中时间匆匆流逝的形象描写，引发出作者本人对时间流逝的思考和对生命价值的求索。全篇文字洗练、思路缜密、情景交融、表达生动，有利于培养学生抓住重点句段、联系生活实际领悟文章内涵的阅读能力，学习作者感悟生活和表达感悟的方法，从中受到感染和熏陶。教学应有效利用课文的有利资源，充分体现单元的学习重点。六年级学生已经具备了一定的自学能力，教学中应放手让学生尝试自读自悟，但由于朱自清的文章写作年代较早，一些句子含义深刻、句式独特，学生第一次接触，阅读理解有一定的难度，所以在教学过程中要加强阅读实践，在读中品味语言、积累语言，在读中体会作者表达的感情，在读中领悟作者的表达方法。

二、教学目标

1. 掌握本课的生字、新词，能带着自己的理解，正确、流利、有感情地朗读课文，背诵课文。

2. 初步感知抒情散文的特点，在读中体味文章的语言美，品味字里行间流露的感情和人生哲理,学习作者的语言表达方式,积累语言并学习运用。

3. 通过限时思考、限时交流,增强时间观念,设身处地地体会作者对时间逝去感到的无奈、惋惜和不甘虚度此生的情感。

三、教学准备

学生准备:

1. 预习生字、新词,阅读课文,查找并筛选相关资料。

2. 借助课后思考题或阅读提示把握课文大意。

3. 针对阅读过程中产生的疑问拟定问题。

教师准备:

1. 摸清文脉,细读文本。

2. 查阅并收集相关资料。

3. 设计教学环节。

教具准备:

PPT 课件。

四、教学过程

(一)揭题导入,检查预习

1. 揭题。

(1)板书课题,提醒学生注意书写正确,培养学生养成良好书写习惯。

(2)围绕文题谈话,学生交流自己对文题的理解。教师了解学生对课文大意的把握情况。

2. 初步了解作者,为阅读课文、感受作者的思想感情做好铺垫。

(1)学生谈谈预习中对作者朱自清的了解。

(2)播放课件:朱自清,著名散文家、诗人,清华大学教授。他的散文语言精练、情感丰富,被誉为“现代散文典范”。代表作有《荷塘月色》《背影》等。

3. 学生圈画出不易读准、读懂的字词,整体感知本课文体特点。

(二)初读感知,学习字词

1. 听读课文。

(1)听课文配乐范读。

(2)学生自由表达听课文配乐朗读后的初步感受。

2. 学习字词。

(1)学生根据自学提示交流彼此不易读准、读懂的字词。

(2)统一订正。理解词义,学习生字。

(三)品读句段,悟情明理

1. 轻声读文,整体感知。

学生轻声读文,整体感知本文与以往叙事为主的课文的差异。

2. 尝试汇报,学习学法。

(1) 出示自学提示。

(2) 以第一自然段为例,指导读书方法。

① 学生默读自学第一自然段,想一想:从文章的第一自然段中读懂了什么。在感受深的或喜欢的词句旁批注,和同桌交流。

② 引导学生品读句子,抓关键词语,交流自己的感受,读出自己的情感体验。

"燕子去了,有再来的时候;杨柳枯了,有再青的时候;桃花谢了,有再开的时候。但是,聪明的,你告诉我,我们的日子为什么一去不复返呢?"

读句子,说说自己读懂了什么。

师生互动,读议结合。带着体会有感情地再朗读一遍。

引导学生感受三个"再"与"一去不复返"的强烈对比,体会字里行间的自然法理与作者的惋惜之情,反复朗读。

③ 学生朗读第一自然段。

④ 回顾、总结品读的方法,鼓励学生在后面的学习过程中迁移运用。

3. 迁移运用,自主阅读。

(1) 学生默读课文第二至第五自然段,选择自己感受最深或特别喜欢的句子细读并批注。

(2) 根据学情,确定全班交流的句段。鼓励学生自由表达,进一步引导学生抓住关键词句,读中体会感情,读中感受作者的语言魅力。

"在默默里算着,八千多日子已经从我手中溜去;像针尖上一滴水滴在大海里,我的日子滴在时间的流里,没有声音,也没有影子。我不禁头涔涔而泪潸潸了。"

"早上我起来的时候,小屋里射进两三方斜斜的太阳……于是——洗手的时候,日子从水盆里过去……这算又溜走了一日。"

"过去的日子如轻烟,被微风吹散了,如薄雾,被初阳蒸融了;我留着些什么痕迹呢?我何曾留着像游丝样的痕迹呢?我赤裸裸来到这世界,转眼间也将赤裸裸地回去罢?但不能平的,为什么偏要白白走这一遭啊?"

① 体会作者在时间不经意间匆匆而去时的心情;关注"头涔涔""泪潸潸""叹息"等词语以及"挪移""跨过""飞去""溜走"等表示动作的词语。

② 联系自己的生活经验,仿照课文的写法说一说,加深体验,学习作者如何捕捉细节,感悟生活。

(3) 通过作者对生活中时间匆匆流逝的具体形象描写,培养认真观察的习惯,学会在平凡的生活中受到启迪。

(4) 朗读句段。

4. 学习方法,尝试背诵。

引导学生通过学习上下文,找出文本前后之间的联系,帮助学生快速背诵课文。

（四）回顾全文,悟情明理

1. 再次引导学生从整体审视全文,理清文章的结构脉络,追踪作者的情感线索,回归"匆匆"二字。

2. 揭示全文情理交融的写作特色,悟情明理。

（五）总结收获,布置作业

1. 总结本课学习收获。

（1）师生共同总结学习收获。

（2）提出问题,为进一步研读做准备。

2. 布置课后作业。

（1）有感情地朗读课文,背诵喜欢的句子或段落。

（2）搜集关于珍惜时间的诗文、名言警句。

（3）选择下面的一个内容写一写。

① 按照课文后的第 3 题要求写几句话。

② 写一段话表达自己对时间的感受。

第二课时(简案)

（一）复习巩固,导入新课

1. 学生展示朗读。

2. 听写本课中的生字新词。

3. 师生议定本课研读目标和学习方法。

（二）重点研读,体会感情,提出问题,研读文本

1. 围绕问题:在课文中朱自清表达了怎样的思想感情? 引导学生联系重点语句交流,重点研读课文第四自然段。

2. 再次带着情感朗读全文。

（三）背诵课文

（四）拓展延伸,深化认识"匆匆"

1. 学生展示交流诗文、警句,进一步懂得珍惜时间,珍惜生命。

2. 展示交流写话作业,组织评议。

3. 推荐学生阅读朱自清的相关作品。

百分数(一)教学实录与评析

作者：赵晓强　评析：张文卓

教学内容：

人教版义务教育教科书六年级上册第六单元百分数(一)。

教学目标：

1. 知识与技能：使学生初步认识百分数的应用，理解百分数的意义，能正确读写百分数；了解百分数和分数在意义上的不同点；培养学生的分析、比较、概括等思维能力。

2. 过程与方法：收集、整理有关百分数的信息，通过讨论交流，体验百分数的意义及在生活中的广泛应用。

3. 情感态度与价值观：培养学生自主探究的精神，感受数学在现实生活中的价值，激发学生学习数学的兴趣，结合相关信息渗透思想教育。

教学重点：让学生充分体验、理解百分数的意义。

教学难点：让学生了解百分数和分数在意义上的联系与区别。

学生准备：收集有关百分数的材料。

教师准备：课件。

教学过程：

［课前交流］

师：上课。

生：起立。

师：同学们好！

生：老师您好！

师：请坐。

师：同学们，知道我们今天学习什么？

生：百分数。

师：黑板上都已经写好了。实话告诉赵老师，生活中百分数常见吗？

生：常见。

（一）创设情境，提出问题

师：谁愿意把你收集到的百分数和同学们交流一下，并尝试说说这个百分数表示什么意思？

生1：我在我们家洗发水上发现"洗发水加送20％"，表示它加送的这些占整瓶洗发水的20％。

教师板书：加送20。

师：同学们，百分号怎么写呀？

生：先写斜杠，再写两个圆圈。

师：我就知道同学们在这里会出现分歧，正确的书写方式应该是先写最上面的小圆圈，不要写得过大，也不要过小；接下来写斜杠，最后再写下面的圆圈。现在会写百分号了吗？

生：会了。

师：好，请同学们快速拿出作业纸和笔，咱们来写两个百分数。百分之四十三，百分之五十。

师：同学们知道百分之五十表示什么意思吗？

生：一半。

【评析：教师把学生的学习从课内拓展到了课前，在交流中感受到百分数在生活中广泛的应用。让学生在交流收集的百分数过程中，完成百分数的写法。】

（二）自主探索，形成概念

师：好，下面谁来接着汇报你在生活中找到的百分数？

生2：我在衣服上找到了羊毛含量80%，表示羊毛占衣服的一百分之八十。

生3：我在我们家百科全书上发现氧气含量20%，这个表示氧气占空气总量的20%。

师：谁找到的百分数和他们不一样？

生4：饮料中果汁的成分占饮料总量的17.8%。

生5：今年的产量是去年的120%。

师：像同学们找到的这些数，就叫作百分数。

师：请同学们根据课前的预习和自己找到的百分数，讨论一下百分数的意义是什么。

生：表示一个数是另一个的百分之几的数，叫作百分数。（师板书。）

师：同桌之间说一遍，全班同学一齐说一遍。

师：结合百分数的意义，请同学们联系自己找到的百分数，说一说你找到的百分数表示什么意思？（生举例。）

师：同学们看屏幕，这句话中的百分数表示什么意思呢？

生：今年的产量占去年产量的120%。

师：这是我国一款牛奶盒上的百分数，你们知道它具体表示什么意思吗？

师：百分数的读作会写吗？请同学们在练习纸上写出75%的读作。

【评析：本环节继续让学生自主交流收集到的各百分数，使学生感悟百分数的意义，再次加深百分数在日常生活中的广泛应用。在学生充分交流的基础上，教者又出示了几个百分数，看似随意，实则匠心独具。这几个百分数不只是与学生收集的百分数的简单重复，而正好是学生所收集的空白所在，它们的出示使学生的认知结构更趋完善，并在师生交流中完成了百分数读法的学习。】

（三）小组合作，深入探究

师：关于百分数的知识还有很多，请同学们寻找一下其他的研究方向，好吗？

生1：我还想去了解一些百分数的应用题。

生2：我还想知道分数和百分数之间的关系。

师：为什么要知道分数和百分数的关系啊？

（有学生在嘀咕。）

师：你说什么？

生：它们的名字有点像，一个百分数，一个分数。

师：同学们，拿到一个新的内容，我们需要关注这个内容跟我们以前学过的哪些内容特别相似，听到百分数你觉得可能会跟谁特别相似？

生：分数。

师：用迁移的方法把新知和旧知进行对比，这样能帮助我们更深入地了解百分数。现在就请同学们以四个人为一个小组，讨论百分数与分数的区别与联系。开始。

（小组活动。）

师：好，谁先来说说分数和百分数有什么区别？

生1：我觉得先是读法不同，分母是一百的分数读作一百分之几，而百分数读作百分之几。

师：百分数会读吗？

生1：这个是百分之八十，这个是百分之二十，这个是百分之二十二。

师：上面还有。

生1：这个是百分之七十。

师：同学们有没有发现百分数在读的时候有什么共同特点？

生：百分之几。

师：都读作百分之几，但分数呢？

生：几分之几。

师：对。分数啊，因为它的分母是各不相同的，所以它没法统一去读，就都读作几分之几。是这样吗？

生：是。

师：好，掌声送给第一位同学。

（学生鼓掌。）

师：读法是不是不一样？（板书读法。）真好，还有什么不同？

生2：百分数和分数的写法不同。比如说百分之零点零几，但是分数的分子就不能是小数。

（学生鼓掌。）

生3：百分数和分数的意义不同。我是这样认为的，百分数的意义就是求一个数占另外一个数的百分之几，而分数是把单位"1"平均分成若干份，取其中的一份或几份的数。

生4：百分数是百分率或百分比，表示倍比关系；而分数是把1平均分成若干份，表达份数。

师：有道理吗？

生：有。

师：还有没有补充？他说百分数是百分比或百分率,表达的是一种关系。

生5：分数可以约分,但是百分数不能约分。

师：为什么百分数不能约分呢?

生：百分数的分母是固定的。

生：百分数便于比较大小。

……

生6：百分数后面不能加单位。

师：为什么? 为什么百分数的后面不能跟单位名称?

生：因为百分数只能表示分率,不能表示具体量。

师：从刚才我们列举的百分数就看出来了,没有一个百分数是表示量的,它们都表示一个量和另一个量之间的什么?

生：关系。

师：倍数的关系,因此,也有人把百分数叫作什么?

生：百分比、百分率。

师：所以,百分数它表示的是两个量之间的关系,但分数表示什么? 它既可以表示具体的数量,它还可以表示数量和数量之间的关系。

师：通过分数和百分数之间的这个区别我们发现它们的……（指板书）

生：读法不同。

生：意义不同。

……

【评析：在学生感悟出百分数的意义并对百分数有一定认识的基础上,让学生探究百分数的特别之处显得水到渠成。实践证明,学生也能畅所欲言,说出百分数的特点,从而加深对百分数的认识。】

（四）实际应用,巩固深化

师：学习百分数其实是为了服务我们的生活。请同学们看屏幕,这是六(一)班同学最喜欢运动的项目,你们根据这些百分数能发现什么数学问题?

师：看来百分数在生活中的运用确实很广泛。下面我们来做几道基础练习。

1. 填空

（1）表示一个数是另一个数的（　　　　　）的数,叫作百分数。

（2）百分数也叫作（　　　　）或（　　　　）。

（3）运走了80%,还剩下（　　　　）。

（4）$\frac{40}{100}$ 和 40% 的大小（　　　　）,意义（　　　　）。

2. 判断

（1）$\frac{50}{100}$ 吨 = 50% 吨。（　　　）

（2）某工厂今年产值是去年产值的108％，说明今年产值比去年多。（   ）

（3）百分数与分数的意义完全相同。（   ）

（4）最大的百分数是100％，最小的百分数是1％。（   ）

3. 考考你

（1）某车间女职工人数占车间总人数的52％，那么男职工人数占车间总人数的（   ）。

（2）预计今年产量比去年增加8％，预计今年产量是去年的（   ）。

【评析：数学来源于生活，又服务于生活。教师从与学生日常生活息息相关的百分数着手，引领学生运用知识解决一系列的问题，不经意间就使学生完成了对百分数的认识，学生在习得知识的同时，也增长了智慧。】

（五）总结评价

通过这节课的学习，你们都有什么收获呢？

百分数（一）教学反思

赵晓强

本节课的教学重点之一是理解百分数的意义，教学难点是体会百分数、分数、比的联系与区别。在教学中我主要为学生提供了一个可供独立思考、开放的课堂教学环境，让学生在独立思考、合作交流、比较分析、归纳整理的过程中，获取知识，提高学习能力，并充分体会到百分数与我们的生活实际是紧密相连的。整节课均是围绕着学生在生活中寻找的百分数为线索展开的。在教学材料的安排上，我以学生原有的知识经验为基础，在学习的过程中，以多种教学形式，吸引并激发全体学生积极参与。本节课我主要是从以下三个方面入手的。

一、让学生经历新知呈现的过程

本节课我引导学生经历了从实际问题抽象成数学问题，把生活原型转化为数学模型，让学生亲身经历知识发生的过程。为此，在课前我布置了在生活中收集一些百分数的任务，并在课上让学生进行了交流，如衣服商标上的100％羊毛、97.4％棉，等等。为了帮助学生更好地理解百分数的意义，我请学生们同桌之间先互相说说收集到的这些百分数表示什么意思，然后再请几名学生全班交流，课堂上的学习氛围较好，学生们通过寻找生活中的百分数体会到百分数在生活中的运用，也能更好地理解百分数的意义。而且，为了让学生真实体会百分数产生的由来，我尽可能多地让学生介绍自己寻找的百分数及其表示的意思，进而让学生明确百分数的意义，通过学生的总结、归纳，让学生真正体验到探索的快乐。让学生充分经历数学知识的呈现过程，了解新知产生的由来，既有利于学生掌握和理解知识，又有利于激发学生学习的主动性和创造性。

二、让学生经历探究知识的过程

小学数学素质教育的基本特征就是对知识的认识过程转化为对问题的探究过程。他们具有好奇、好问、好动的特点,具有探究的天性。这种宝贵的天性只有通过教师恰当的引导才能使之转化为数学探究的热爱和兴趣。在课堂上教师要给学生提供丰富的、充足的、较为完整的感性材料,放手让学生动手、动口、动脑全方位参与教学活动,使学生在生动活泼的实践中亲身经历探究知识的过程。

在学生学会了百分数的读写法、意义后,我提出:"关于百分数的知识还有很多,请同学们寻找一下其他的研究方向,好吗?"一石激起千层浪,在我的导引下,学生的研究方向有了。不用过多的指令,学生们就聚到一起来进行这一问题的讨论了。在我精心设计的问题情景中,学生自己探索发现百分数与分数的不同,保证了学生学习的主体地位,使学生经历了对百分数的产生以及百分数意义的探索过程,充分发挥了学生学习的主动性,培养了学生解决问题的能力和一定的探究精神,并助其在探究活动中获得丰富的情感体验。

三、让学生经历运用知识的过程

"经过实践得到了理论的认识,还必须回到实践中去。"因此,在小学数学教学中,教师除了重视知识的发展过程外,更应着眼于知识的应用过程,要积极引导学生学会用数学的基础知识、基本方法解决现实生活中的实际问题。在解决问题的过程中要强调的是学生经历运用知识的过程,体验到数学应用的价值。在课堂练习环节,我设计了百分数意义理解填空、判断以及联系生活实际的拓展题目,让学生运用今天所学进行巩固。

回顾本课在处理学习百分数与分数的比较环节,存在学生的问题过于分散、指向性不强等问题,须在第二课时教学中有针对性地组织教学,使学生进一步理解百分数的意义,让学生们深刻领悟到意义的内涵。

百分数(一)教学评析

焦旭阳

百分数在生活中有着广泛的应用,人们常用百分数对事物进行描述、分析、统计、比较。虽然学生在日常生活中已经大量接触了百分数,但是对百分数的意义及其应用价值的认识还处于模糊阶段。本单元是在学生学习了整数、分数、小数相关知识的基础上,正式认识百分数。

今天我就对赵晓强老师执教的《百分数》一课加以点评,希望各位能给予批评和指正。一节课的构架仁者见仁智者见智,怎样上可以使学生有更多的收获?怎样上可以引导学生有更多的思考与碰撞?怎样上可以使听课教师心潮澎湃、跃跃欲试?怎样上可以让更多的老师感受到教学的魅力?走进赵晓强老师今天的数学课堂,我们能感受到"风格产生魅力,魅力启迪智慧"的真谛。

一、挖掘教学本质

《百分数》的教学我们并不陌生，百分数用一种特定形式的分数，表示两个数或者两个同类数量之间的倍比关系。正是这种形式，使百分数能够很方便地进行表达和比较，在生活和生产中有极广泛的应用，尤其在统计时用得更多。也正是这种形式，使百分数与整数、小数、分数都有密切的联系。我们印象最深的就是赵晓强老师将百分数的教学和分数紧密地联系在一起，强调"迁移"的数学思想，通过有效的学习活动打开了学生数学学习的一扇门，让知识间产生联系，使学生拿到了今后在数学各领域中探索的"金钥匙"。

另外，整节课赵老师都在和学生共同了解和运用百分数，把生活中的百分数贯穿于教学始终，解决了数学知识从哪里来、用到哪里去的问题，让学生和听课者能触及数学的源头、数学的发展、数学的应用；使"单纯从书本中学数学"变为"密切联系生活做数学"。在学习中了解百分数的意义，在应用中懂得百分数的价值；使整节课的构架简约而不简单，丰富中折射深邃的数学理念。

二、以学生的发展为本

本课的教学着眼于"以学生的发展为本"，重视学生自主探究、创新精神和实践能力的培养。各环节以学生已有知识经验为基础，体现师生民主、平等、融洽、和谐的氛围，最终使学生既获得知识，形成技能，又在情感、态度、价值观等方面得到发展。这堂课还体现了一种新的理念，用教材或依托教材平台展开、扩充教材的新教材观。不拘泥于已有教材，而是根据实际情况巧改教材，这是一种积极的努力与尝试。"到黑板上写收集到的百分数"这一环节的教学更让课堂闪耀创新的光辉。黑板上，学生写满了百分数。在学生说出所写百分数意义的一刹那，学生的交流已不是将已经获得的主观印象投射在所写的百分数中，从学生的解说中完全折射出了学生对百分数的认识。

每次听赵老师的课都很舒服，师生都享受在学习活动的快乐中。另外，教师用妙趣生动的语言，勾画了灵动的课堂。赵晓强老师的语言非常吸引人，无论是对知识的引领启发，还是对学生的鼓励赞赏，他都倾注满腔热情，用生动、形象、准确、富有趣味的语言，让学生快乐地参与学习活动。每名学生的发言赵老师都耐心细致地顺势而导，机智中展现的是教师对教材的准确把握和对目标的明确定位。

三、"学本"的教学方式

今天这节《百分数》教学，从寻找生活中的百分数起，到应用百分数解决生活中的问题止。教师不断地将学生引领到知识探索的大门前，指导帮助学生破解难题。始终将学生的"已知"作为"释疑"的起点，因势利导，因材施教。赵晓强老师践行"学本式成长课堂"高年级"先学后导"的思想，引得恰当，导得巧妙。

教师为学生创设了充分的自主、合作、探究的机会，通过让学生寻找生活中的百分数，成为认识百分数、了解其意义的学习基础。通过分数与百分数间知识的迁移，学生不仅学习了读法、写法，还发现了百分数在约分和应用范围上的特点等。学习中的师生交流、生生互动是有效的，提升了学生对百分数意义的认识和理解。同时，恰到好处地发挥了教师的作用。

赵晓强老师的数学课堂注重培养学生的问题意识，让学生在一个个问题生成中研究探索数学问题。这是本节课又一个明显的特点。"问题是数学的心脏"，赵老师用心去创设问题情境，使学生在学习中生成"为什么要学习百分数""百分数的意义是什么""百分数有什么用处""在什么情况下用到百分数"一系列问题，为学生的探索发现起到了推波助澜的作用。

我们一直在谈"授之以渔"的问题，赵老师这节课正在诠释这个理念。学生自己提出了很多应该研究的问题，如："我们应该研究得更深刻一些。""百分数和分数有什么区别?"赵老师顺势在黑板上板书"分数和百分数"，进而问题再落实到"百分数和分数有什么不同"，学生各抒己见，"读法、写法不一样""单位不一样""意义不一样""表现形式不一样，不可以约分"，等等。面对学生的种种学习建议，也是学生自己提出的学习目标，赵老师又提出："要研究深入，需要具体的素材来帮助我们研究。"由此，两个词赫然呈现于黑板："深入、具体"，这也是这节课学生要得到的"渔"，有了"渔"还怕没有"鱼"吗?

对于这节课，如果要提出一些建议，我觉得教师在"学习新知"和"探索未知"的精力分配上还有斟酌的空间;教师在"关注群体"和"面向个体"的学情掌控上还有预设的空白。活用教材不是一件容易的事，教师不断探索、不断实践、不断创新，取得了良好的效果。不仅给予学生数学知识，还要渗透数学文化，欣赏数学智慧，提高学生数学素养，这需要我们不断地创新和努力。

第五章　记叙文写作

第一节　选材立意

一、选择材料

　　记叙文就是以叙述为主要表达方式,以写人、事、物为叙述对象的一种文体,记叙亲身经历及事件发展过程。一篇记叙文首先应该是有内容可写,即文章要有丰富的材料。怎样选择材料才不至于在叙述的过程中突然感到无话可说、无事可叙呢?

　　1. 紧扣中心,注意取舍

　　作文选材要紧扣中心,对能够突出中心的材料可以详写,对那些突出中心不明显或者只是起到辅助作用的材料要略写。再精彩、再生动、再感人的材料如果与文章中心不符就会造成偏题甚至跑题,导致文章不知所云,所以材料的选择要以突出中心为主,其他辅助材料要学会取舍,学会忍痛割爱。

　　如鲁迅先生的《阿长与〈山海经〉》,文章围绕没文化、粗俗却又善良的阿长写了七件事,根据主旨需要,只是详细写了"《山海经》事件",这件事让"我"从对长妈妈"厌烦"变成了"敬重",其他事件对表现中心起辅助作用,就简单一两笔带过。

　　2. 舍大取小,真情实感

　　材料的选择要善于舍大取小,避免浮夸,不是只有见义勇为、舍己为人的材料才好,生活中平凡的事情也能充满情感,也能写得充实,一次交谈、一声问候、一份友情都可以成为记叙的内容。有些小事看似细微,却蕴含深刻的思想意义,关键在于从生活小事中获取理性的思考。如杨绛先生的《老王》,回忆"我"和老王相处的几个生活片段,刻画了一个卑微但善良的形象,文章选材琐碎,但感情真挚,直击人心。

　　3. 紧扣时代,关注热点

　　材料的选择要注意关注社会热点,紧扣时代特点,这样才能充满个性,如"榜样"人物、"感动中国人物""网络流行词",等等。

4. 选好角度，熟中取新

材料应选择自己熟悉而别人不熟悉或是自己对其有深刻认识的材料，选好角度，在熟悉的材料中选取新的角度，避免格式化、大众化、人云亦云。

记叙文记叙的往往是生活中发生的事情，生活虽然看似大同小异，但因为每个人生活的背景、家庭的环境、所处的人际圈、思考问题的角度不同，都会有独特的事情可写。之所以觉得生活平淡，无事可叙述是因为不善于思考，没有从事件中看到启迪。选材新立意才能新，要写出标新立异的作文就要善于选好角度，熟中取新。

 **例文**

我想握住你的手

真情莫过共握手！

——题记

虚掩的房门"咯吱"一声开了一道缝隙，爸探进半个脑袋向里张望。天刚亮，同房的病友可能正沉浸在梦乡中。我刚醒，缩着身子用被角半掩着脸。没错，是爸！

红的，一大束康乃馨，我惊呆了。那天，爸依旧是穿着那身泛白的工作服，头发很凌乱，或许外面风大。清早的雾水打湿了他的发尖，脸上似乎还带着风的痕迹，看起来比以前沧桑了许多。然而，我禁不住想笑，爸的样子笨拙而滑稽，他那一身装扮与他胸前一大束康乃馨极不相称。我总以为，鲜花该是有着某种浪漫和情调。爸朝我这边走来，我咧着嘴躲在被角里偷偷地笑。"哦，醒了。"爸惊诧的表情让我知道我是多么爱睡懒觉。"嗯，可是老爸，您这花是给我的？"我还是有点狐疑。这一问，爸反倒有点紧张，两只手不停地换着拿花，脸上泛起了红晕，慌乱地点了点头。"昨天还和你妈商量着买什么，后来你妈说你喜欢康乃馨。一大早我就到花店拣了几束新鲜的，只是店主将它包装得太鲜艳……"爸停住了，他可能真的不习惯这种送花的场合。

爸翻遍了抽屉终于找到了一个插花的瓶子，很脏。没等我说话，爸已放下了花一路小跑着出去。我端详着那一大束火红的康乃馨，竟不知怎么已被感动了。我又想起了出事的那天，妈的慌乱，爸的平静。腿摔成了骨折，都怪我骑车太粗心。当时只记得一阵剧痛，腿再也挪不动了。医院的急诊室在四楼，电梯口挤满了人。我知道爸妈是担心我病情严重才决定上急诊室。爸背着我急匆匆地爬楼梯，一路上没歇过。伏在爸的肩上，我清清楚楚地看清了他脸上的汗珠。爸的身体很单薄，可背我的时候我分明感到了他的力量。四楼，我不知那长长的楼道有多少阶，也没有目睹爸将我送进急诊室后的气喘吁吁。那绝不是一段好走的路……爸捧着花瓶进来了，脸上是憨厚的笑。那一刻，我有一种想哭的感觉。人说，朴素的爱却是最伟大的。我恍然明白，其实爸从来没有给过我富丽堂皇的爱。我和他的故事没有影片上的轰轰烈烈。我的童年，他的爱是交给了三月里高飞的风筝，黑眼睛的小鲫鱼……点点滴滴地用温暖包围我长大。

不知何时，爸已插好了康乃馨，一个人憨憨地在排列每朵花的顺序，左边、右边、向上、向下。我静静地凝望他，感受满屋里清晨的祝福。花瓣上，一滴露珠滑落了下来。微妙的情感里，康乃馨也懂得为我流泪。

……我渐渐地睡着了，迷迷糊糊有一双手将我的手轻握，我没有睁开眼，然而我却终于不争气地泪流满面。

文章以"父亲给我送花"为主要事件，回忆"我"摔伤时，父亲背"我"上四楼急诊室时的情景，选材都是生活中的小事，通过详写父亲送我去医院的焦急，"目睹爸将我送进急诊室后的气喘吁吁"，感到"那绝不是一段好走的路"等描写上升到"父爱"的主题。作者写父爱，选材于生活，以"送花"为依托，并从生活的点滴中提升主题。

二、确定立意

立意即一篇文章确定的文意。它与文章主题不是完全相同的两个概念，主旨是作品完成之后所反映出的中心思想即作者的基本观点，而立意一般是在写作之前，大于主旨，是包含主旨在内的构思，是作者针对思想内容、构思设想、写作意图等方面的思考。

一篇文章的立意应注意以下三个方面。

1. 立意要准确

立意准确就是文章的主题能够契合题意，并且有明确的价值取向或是积极健康的情感反应，如果文不对题，或是中心分散，对主题的概括笼统模糊就会出现立意不准确的问题。例如以"舍得的智慧"为题，很多同学只抓住"舍得"忽略"智慧"，将题目单纯理解为"有舍才有得"，这就属于立意不准确。

2. 立意要深刻

立意深刻就是在叙事的过程中不是浮于表面，而是对生活深入思考，把隐藏于事物表面之下的深层含义"挖"出来。例如，鲁迅先生的《一件小事》以第一人称的方式写了一位人力车夫撞到人但并没有其他人看见，且在冒着被人讹诈的情况下还去帮助老人的事件。这样的事很多人都写过，但却没有鲁迅写得深刻，因为鲁迅在立意的时候把一个平凡得不能再平凡的人写得很伟大，并且能够由小及大看到那个年代人生活的疾苦，使文章立意深刻。

3. 立意要新颖

文章要"见人之所未见，发人之所未发"，就是要写出新意义，从平时的题材、陈旧的题材中表现出新思想、新观念。不要浮于表面而要打破思维定式，有创造精神。紧扣时代脉搏，有自己独特的思考和理解。例如以"送别"为题，一般写法都会想到去车站送别亲人、朋友，但这样就显得普通，没有新意。而有的同学就会想到我要去外地求学，和我一起长大的小动物给我送别，写出人和动物之间的感情，就会显得文章立意新颖。

【真题】

书海浩瀚,我们无法读尽世间之书,必须有所舍弃才能有所收获,这就是"舍得的智慧"。读书如此,生活亦是如此。

请根据自己的生活经历,以"舍得的智慧"为题写一篇记叙文。

 例文

舍 得 的 智 慧

薛林姗

扎一个紫藤秋千,采几朵田间野花,看几只倦鸟回巢,在春风阳光下疯跑欢笑,这样的日子,似乎只能出现在童年时的春天里,悠长,遥远。又是昏沉地熬过了早上的两节课。最近,繁重的课业总压得我喘不过气来,心情也总是烦躁,心口上像是别死了两只插销,外面的进不去,里面的出不来。

拧开卫生间的水龙头,微凉的水流刺激着有些迟钝的神经末梢,我总算是拾得了一丝清醒。出了卫生间的门,一丝清风拂上了面颊。我下意识地朝风来的方向望去,哦,学校的窗户。恍然间记起已经是春天了啊,然后就自然地走上前去。窗户外的铁栏杆断了一根,从那还算宽敞的地方恰能探出头去。天空蔚蓝得像被清水洗涤过,明媚而耀眼,清澈而干净。不时有几只飞鸟掠过,那自由的姿态,像是要拽着我,飞速奔向太阳升起的地方。

和煦的阳光在楼下的塑胶跑道上折射出耀眼的光线。有几个孩子在操场上踢球,跑着、闹着、笑着,飞起的足球带起一阵金色的尘埃。我伸出手,有阳光在手上闪烁,给我的手指勾勒出一层淡淡的轮廓。轻轻地摇晃着手指,似乎都能听到阳光被搅碎的声音。阳光一直都在的吧,像有人说的那样:"阳光不需要吩咐,就洒下一大把。"目光恣意地划过高楼与土墙,划过绿树和藤蔓,那摇曳的姿态和自由的疾风,突突突地就往我脸上冒,快意地仿佛怎样都抓不住。空气里似乎有些醇意,那幽微的醇意,好像一个去镇子上打酒的孩子,不小心把酒洒了一路,惹得行人都醺醺微醉。春天是真的来了吧。好自由的春天和一群自由的孩子!"假如我们不能改变这个世界,那么我们至少应该改变我们的生活方式——自由自在地活着。"米兰·昆德拉如是说。"自由。"我念叨着,笑着大步走回教室。

【评析】 小作者取材于生活,描写童年生活,窗外的多姿多彩,孩子们自由欢笑,这些自由自在都是令我向往的,但我却舍弃"自由",投入继续学习的现实中,因为我知道自由应该是以获取知识为前提的,不然就只能是嘻嘻和玩闹而已,以此来突出"智慧",使文章立意更

加深刻,有新意。

【思考练习】

1. 下列以"母爱"为主题的选材是否得当？如果不得当,运用本节所学选材手法拟写选材。

(1) 我在学校和同学闹别扭了,委屈地向妈妈哭诉,妈妈生气地说:"什么同学,这么欺负人,老师也不管吗？ 我明天去学校给你讨回公道。"

(2) 半夜我发烧了,外面正下着雨,母亲穿着单薄的衣服背着我向医院奔跑。

(3) 下雨了,妈妈没带伞,想到每次下雨妈妈都会到学校接我,于是我冒着雨给妈妈送伞,虽然身上被淋湿了,但我很开心。

2. 以"身边的美"为主题,选择恰当的材料列出作文提纲。

第二节　拟题技巧

俗话说:"佛靠金装,人靠衣装,文靠题装。"一篇文章的题目就仿佛一个人的眼睛,眼睛明亮,人精神百倍,文章题目起得好可以提升文章的文采。作文拟题时要简洁、贴切、生动、有趣,避免表意不明、题目太大、脱离话题、千人一面,尽量用新奇的语言,拟出个性,这样才能让文章熠熠生辉。

一、拟题的基本要求

一要文题相符合。作文的题目要与文章的内容相符合,切忌张冠李戴。有人写作文喜欢先拟好题目,再根据题目作文;有人喜欢作文完成后再根据作文的内容拟写题目。不论是哪种情况,都要做到文章内容和题目相照应,避免出现"南辕北辙",文章的题目和内容毫无关系。

二要简洁、凝练。文章的题目要凝练概括,能够反映文章的主要内容,字数不宜太多,避免繁冗拖沓。例如《母亲的白发》就突出主人公母亲,写母亲的哪一方面,即突出"白发"。

三要鲜明、醒目。题目要突出重点,让人一眼看到就能明确文章的主要内容,同时产生阅读的兴趣。切忌含混不清,不知道写的是什么。例如《一张珍贵的照片》,从题目可以明确文章的写作对象是一张"照片",而它为什么珍贵又引起读者的好奇心。

四要优美、生动。题目拟写得生动可以引起读者阅读的兴趣,同时一个好的题目也能够增添文章的色彩,要想题目优美生动可以采取修辞的方式,但一定要贴切,切忌为了博人眼球强行修辞。

二、拟题的方法

1. 直接拟题法

记叙文写作有六要素:时间、地点、人物、起因、经过、结果。在拟写标题时可以从文章的六要素入手,避免文不对题。

例如:以时间、地点为题目《我的1918》《故乡》;以人物为题目《我的母亲》《包身工》;以事件为题目《一件小事》《唐山大地震》。

2. 直抒胸臆法

直抒胸臆是写作的一种表现手法,即直接表达自己的情感,拟题时可以围绕自己的内心情感,突出文章的主要情感,如《忘不了您,母亲》《我爱我的家乡》。

3. 趣味横生法

趣味性的作文题目可以引起读者阅读的兴趣,增添文章的趣味性可以巧用修辞、化用公式,从题目的结构和内容上展现出生动有趣的一面,引起读者的兴趣以此产生共鸣。

(1)巧用修辞

作文拟题根据特定的内容和语言环境灵活地使用修辞方法,能让文章的题目更加生动形象、含蓄隽永,也可以使文章锦上添花。拟题常用的修辞手法包括比喻、拟人、反问、反复、夸张、对偶、呼告等。

例如:运用比喻修辞的题目《爸爸的爱像白开水》《父爱如山》;运用拟人修辞的题目《飞扬的青春》;运用借代修辞的题目《我心中的一道光》;运用引用修辞的题目《都是春天惹的祸》。

(2)化用公式、诗词、歌曲

运用数学、物理、化学公式来设计作文题目可以使人眼前一亮,有形式新颖、简洁明了的感觉,但公式的题目一定要谨慎使用,尤其要符合逻辑。

例如:《10-1=0》,生命只有1次机会,不能重来,失去一次生命就是"0";《立志+努力=成功》《成功=实力+创新+机遇》

4. 创新思维法

创新思维即不从传统的角度切入,而是采取反向切入的方式,任何事情都是有两面性的,一般习惯从正面入手拟题,如果运用反向思维,即"反弹琵琶",把一些公认的常理推翻,反方向拟题,会收到出人意料、引人入胜的效果。

例如,写成功的话题《失败了,多好》。人人都想"成功"不愿意"失败",但"成功"是在一次次失败中汲取教训和获得智慧的结果,题目《失败了,多好》反向立意,引起读者的思考。

【思考练习】

1. 根据下列内容给短文拟一个标题。

列车缓缓启动了。这时，爹从口袋中摸出一张皱皱巴巴的 10 块钱，递给站在窗边的我。我不接，爹将眼一瞪："拿着！"

我慌忙伸手去拿。就在我刚捏住钱的一瞬间，列车长吼一声，向前急驰而去。我只感到手头一松，钱被撕成两半！一半在我手中，另一半随父亲渐渐远去。望着手中污渍斑斑的半截钱，我的泪水夺眶而出。

仅过了半个月，我便收到爹的来信，信中精心包着那张半截儿钱，只一句话："粘后再用。"

2. 从春夏秋冬四个季节中任选一个为话题，发挥想象和联想，运用本节所学知识拟题并列出写作提纲。

第三节　凤头豹尾

一篇文章的开头、结尾点明文章的中心或者突出塑造人物形象的意义，可以提升文章整体效果，就好比在面试的过程中评委首先会对面试者有个外在形象的整体认定，进而对面试者产生一种认可或不认可的思想情感，进而影响面试的整体成绩。而一篇文章的开头和结尾就好比面试者给予面试官的整体感受，决定着文章的好坏，因此好的开头和结尾对于突出主题，提升读者对文章的整体认同起到极其重要的作用。

一、开篇方法

常言道"万事开头难"，好的开头是成功的一半，作文开头恰到好处可以抓住读者的心，是一篇文章成功的关键，可见开头在一篇文章中起着至关重要的作用。记叙文开头的方法很多，常见的开头方法有以下五种。

（一）引用开篇法

引用开篇法即引用诗词、名言、警句来起到突出文章中心、深化主题、领起下文的作用。

使用这种方法应注意：第一，所引用的诗词等要有增强说服力、富有启发性的作用。第二，所引用的诗词等要能表达自己的情感。第三，所引用的诗词等要是人们较为熟悉，易于理解、接受的，且要符合人物身份。

例如："'不到长城非好汉',这是毛主席的名句。去年暑假,我有幸登上了举世闻名的万里长城,实现了向往已久的心愿——成为一名好汉。"(《登八达岭》)

开头引用毛泽东的话"不到长城非好汉"写出了我暑假登长城的原因,也突出了文章的中心:登八达岭长城。

(二) 倒叙开篇法

倒叙开篇法就是在文章的开头先写出事情的结果,再写出原因和经过,增强文章的吸引力。

例如:"站在这充满荣誉的领奖台上,望着台下一张张羡慕的笑脸,听着他们真诚的掌声,我突然想起了两年前,他们——我的同学们将我从孤寂的黑暗引向光明的经历。"(《走出黑夜》)

文章以站在领奖台上开篇,进而回忆两年前的场景,造成悬念,引起读者对两年前发生了什么产生兴趣,这样写既增强文章的生动性,也可以避免叙述的平淡和结构的单调。

(三) 悬念开篇法

在文章开篇设置一个疑问或者矛盾冲突,引起读者的期待和关注的心理,可以起到吸引读者、引人入胜的效果。

例如:"他点一支烟,猛吸一口,说:'你知道我一生最后悔的是什么吗?'"(《往事》)

这样的开头能一下子抓住读者的心,起到引人入胜的效果。是什么事让"我"一生后悔呢? 以此来设置悬念,吸引读者。

(四) 开门见山法

开门见山就是开篇直截了当,落笔扣题,起到总领全文的作用,让读者一眼就能看出文章要点。

例如:朱自清的《背影》一开篇就写"我与父亲不相见已二余年,我最不能忘记的是他的背影。"开头直截了当、直入主题,既交代了写作的原因,同时也突出了文章的中心,起到提纲挈领的作用。

(五) 渲染开篇法

渲染开篇法就是开篇从景物入手,通过环境描写,让读者有身临其境之感,为烘托人物及故事情节做铺垫。

例如:"春夏之交的日子里,我经常清晨四点多醒来,是鸟声把我唤醒的。醒来了,就不再赖床。推开窗子,看树上的鸟儿,小区里的草木。小区的透风墙上丝瓜花藤蔓一点一点向上攀着,如同攒足了劲,憋住气,吹起号子的少年,鼓着腮帮子,将年少的梦想吹向远方。朝霞朦胧如纱,笼罩在头顶,微风荡漾,轻缓薄纱,一点一点飘散开来,风如水,轻轻荡开,如纯净的嘴唇,把最初的爱和吻印在朝霞这多彩的纸上,这唇痕如印章,落在清晨湛蓝的天空书页,做一次提纲挈领的完美收场。世界静极,只有一根根藤蔓,柔柔地举起黄色的喇叭,对着蹲在枝头的鸟雀,轻轻诉说春天里那些美好。"(《美好的相遇》)

开篇以环境描写树上的鸟儿、小区的草木、墙上丝瓜花藤蔓、朝霞、清晨湛蓝的天空、蹲

在枝头的鸟雀渲染了愉悦的氛围，为后面美好的相遇奠定了感情基调。

二、结尾方法

古人说："好的结尾，有如咀嚼干果，品尝香茗，令人回味再三。"与开头一样，结尾也非常重要，如果一篇文章主题鲜明，但读到最后却平淡无奇、了然无味，这无疑是令人扫兴而遗憾的，人们常有"凤头豹尾"之说，可见结尾是很重要的。结尾除了要服务于一篇文章的中心，同时也要受"开头"的制约，起到首尾照应点明主题的作用，且结尾只要能做到主题明确即可，不必过于烦琐，力求简练、生动、恰到好处。如何让记叙文有一个好的结尾，要掌握以下技巧。

（一）点题收尾法

文章结尾时，水到渠成，运用三两句话，把文章主旨明确地表达出来，引导读者更好地把握文章主旨，起到画龙点睛的作用。

例如："也有人觉得没有看见一片好红叶，未免美中不足。我却摘到一片更可贵的红叶，这是一片曾在人生中经过风吹雨打的红叶，越到老秋，越红得可爱。不用说，我指的是那位老向导。"（《香山红叶》）结尾处扣住一片经历风吹雨打的红叶，经历过后更是可爱，也写出老向导的爱岗敬业：四十年来不厌其烦地接待不同游客，重复着介绍关于香山的神奇故事和香山红叶的壮美景色。表达了作者对大自然的喜爱之情，抒发了对老向导崇高的敬意。

（二）引用收尾法

用名言警句、诗文歌词收尾，能表达含意深刻、耐人寻味的哲理性内容，揭示人生的真谛，深深打动读者的心。这种结尾方式虽然是三言两语，却能起到言尽意未尽的效果。

例如："朱自清有父亲的背影，史铁生有母亲推着轮椅的身躯，傅聪有傅雷先生殷切的家书，而我，我有什么？我有父母踮起的脚尖！（《踮起的脚尖》）通过引用人物经历收尾，突出父母踮起脚尖的分量。

（三）联想展望法

文章结尾展开联想，由此及彼，由表及里，进而深化主题。

 例文

从百草园到三味书屋（节选）

鲁　迅

在我们学校前面，有一块大约三十步见方的空地，这块空地后来成了我们的小操场。在这个操场东边，有一棵很高大的皂荚树。

好大的皂荚树啊，我们六个小同学手拉着手，才能把它抱住。

好茂盛的皂荚树，它向四面伸展的枝叶，差不多可以阴盖住我们整个小操场。

皂荚树的叶片是小小的，有点像槐树的叶子。小小的叶子一串串，一层层，长得密密麻麻，结成了一顶巨大的绿色的帐篷。

春天，下小雨啦。皂荚树为我们遮挡着，雨滴就不会很快掉下来。我们就能够像平常一样，在操场上做体操、做游戏。

夏天，暴烈的太阳当头照。有了皂荚树的遮挡，烈日就只能投下星星点点的光斑。我们活动在操场上，觉得格外凉爽。

秋天，皂荚树上许许多多的皂荚儿成熟了，那样子，就像常见的大扁豆。高年级的同学爬上树去，用带钩子的小竹竿把皂荚儿钩下来。小同学呢，把它们捡进筐子里，交给老师。

每天，老师用皂荚熬了水，盛在脸盆里。上完课，我们的手上沾了些墨水，用皂荚水一洗，就又白白净净了。劳动过后，我们的手上、胳膊上满是土，满是泥，用皂荚水一洗，就又清清爽爽了。

冬天，皂荚树落叶了。枯黄的小叶子，打着旋儿，不断地飘落，在地上铺了一层又一层。这时候，我们就把树叶扫到一起，堆放在墙脚下。

记得有一天，天气很冷，同学们欢叫着点燃了一堆树叶。轻烟袅袅，褐红色的火苗升了起来。飘舞的轻烟和跳动着的火苗，映在我们的笑眼里，引起了我们的沉思："皂荚树啊皂荚树，你曾经自己淋着，给我们挡雨；你曾经自己晒着，给我们遮阳；现在你又燃烧着自己，给我们温暖。皂荚树啊，你给了我们多少快乐，多少启迪。"想着想着，我的心里，好像有一颗种子在生根、发芽……

文章结尾"想着想着，我的心里，好像有一颗种子在生根、发芽……"，留给人想象的空间。

（四）意蕴余味法

意蕴余味法就是把要说的话、想要表达的感情藏起来，留有空白，让人浮想联翩。我们常说"余音袅袅，不绝如缕"，可见越是余音微弱而不断越能引人深思，这样才能激发读者思考与探究的心理。

例如，《紫藤萝瀑布》的结尾："在这浅紫色的光辉和浅紫色的芳香中，我不觉加快了脚步。"不禁引起读者回味，浮想联翩。

文章开头时写"我不由得停住了脚步"，但在结尾又写"我不觉加快了脚步"。我为什么"停住了脚步"又为什么"加快了脚步"？这不禁给人留下想象的空间，引起读者回味，言有尽意无穷。

宗璞《紫藤萝瀑布》

魏巍《再见了，亲人》

（五）抒情收尾法

抒情收尾法是在结尾直接抒发感情，增强文章的感染力，引起读者共鸣，并从中受到教育。有的是直接把自己的希望写出来，有的在抒情中带有议论，还有的表达深厚的情感。例如碧野的《天上静物记》结尾写到："朋友，天山的丰美景物何止这些，天山绵延几千里，不论

高山、深谷，不论草原、湖泊，不论森林、溪流，处处都有丰饶的物品，处处都有奇丽的美景，你要我说我可真说不完，如果哪一天你有豪情去游天山，临行前别忘了通知我一声，也许我可能给你当一个不很出色的向导。当向导在我只是一个漂亮的借口，其实我私心里也很想找个机会去重游天山。"这个结尾就直接表达了作者再游天山的希望。再如魏巍的《再见了，亲人》："列车呀，请慢一点儿开，让我们再看一眼朝鲜的人，让我们在这曾经洒过鲜血的土地上再停留片刻。再见了，亲人！我们的心永远跟你们在一起。"文章结尾直接抒发了作者对亲人的留恋和不舍，引起读者与之共鸣。

（六）归纳总结法

归纳总结法就是将文章中所反映的现象、问题、人物品质等进行归纳总结，从而概括出文章的中心主旨。例如《我们打了一个大胜仗——四川抗洪救灾记事》的结尾："四川的党政军民，在这次抗洪救灾向自然作斗争的总体战中，为了抢救国家物资和人民的生命财产，他们公而忘私，国而忘家，置个人安危于不顾，充分发挥了人定胜天的无比威力，打了一个大胜仗！"

【思考练习】

阅读下面材料，利用本节所学知识，拟写作文的开头和结尾。

家乡，我们生于斯长于斯的地方，这里一定有一处风景让你深深眷恋，这风景中一定有一个人或一些人让你难以忘怀。

第四节　叙　述　有　序

**顺叙**

先发生的先说，后发生的后说就是顺叙。顺叙的方法包括按时间顺序记叙、按地点转换顺序记叙、按事情内在逻辑联系记叙。

1. 按事情的起因、经过、结果顺序记叙

在叙事性的文章中，大多以时间或者是事物发展规律为顺序。任何事情的发生都会有一个发生发展的先后过程，根据事情发生、发展、高潮、结局这一规律来进行叙述，这样文章的层次才能更加鲜明，条理清晰。当然在叙述的过程中也要详略得当，不能每个部分都如数家珍般叙述，而应该找到能够反映人物品行、思想内涵的亮点和重点着重介绍，其他部分只要叙述清楚即可。

例如屠格涅夫的《麻雀》，先写起因是猎狗攻击麻雀，然后写老麻雀奋不顾身拯救幼雀的

过程,最后写猎狗被老麻雀的勇气震撼而退缩。

2. 按地点转换顺序记叙

按地点转换适合于写景的记叙文,依照一定的游览顺序,有条理地记叙,再根据景物突出感受,做到情景交融。

例如鲁迅的《藤野先生》:

> 东京也无非是这样。上野的樱花烂漫的时节,望去确也像绯红的轻云,但花下也缺不了成群结队的"清国留学生"的速成班,头顶上盘着大辫子,顶得学生制帽的顶上高高耸起,形成一座富士山……
>
> 我就往仙台的医学专门学校去。从东京出发,不久便到一处驿站……
>
> 我到仙台也颇受了这样的优待,不但学校不收学费,几个职员还为我的食宿操心……
>
> 我离开仙台之后,就多年没有照过相,又因为状况也无聊,说起来无非使他失望,便连信也怕敢写了……

记叙中作者就是以地点的转换"东京——往仙台去——到仙台——离开仙台"来记叙过程的。

3. 按事情内在逻辑联系记叙

以事情的内在逻辑联系为主来记叙是记叙文中的重要类型,这类记叙文是以叙述事件为主,要将事件交代清楚,特别是将事件中矛盾的产生、发展、解决过程记叙清楚。

落 花 生

许地山

我们屋后有半亩隙地。母亲说:"让它荒芜着怪可惜,既然你们那么爱吃花生,就辟来做花生园吧。"我们几个姊弟和几个小丫头都很喜欢——买种的买种,动土的动土,灌园的灌园。过了几个月,居然收获了!

妈妈说:"今晚我们可以做一个收获节,也请你们爹爹来尝尝我们的新花生,如何?"我们都答应了。母亲把花生做成好几样的食品,还吩咐这节气要在园里的茅亭举行。

那晚上的天色不太好,可是爹爹也到来,实在很难得!爹爹说:"你们爱吃花生吗?"

我们都争着答应:"爱!"

"谁能把花生的好处说出来?"

姊姊说:"花生的气味很美。"

哥哥说："花生可以制油。"

我说："无论何等人都可用贱价买它来吃，都喜欢吃它，这就是它的好处。"

爹爹说："花生的用处固然很多，但有一样是很可贵的。这小小的豆不像那好看的苹果、桃子、石榴，把它们的果实悬在枝上，鲜红嫩绿的颜色，令人一望而发生羡慕的心。它只把果子埋在地底，等到成熟，才容人把它挖出来。你们偶然看见一棵花生瑟缩地长在地上，不能立刻辨出它有没有果实，非得等到你接触它才能知道。"

我们都说："是的。"母亲也点点头。爹爹接下去说："所以你们要像花生，因为它是有用的，不是伟大、好看的东西。"我说："那么，人要做有用的人，不要做伟大、体面的人了。"爹爹说："这是我对于你们的希望。"

我们谈到夜阑才散，所有花生食品虽然没有了，然而父亲的话现在还印在我心上。

全文由种花生、过收获节两部分组成，情感真挚，详略得当。文章的重点部分是放在"过收获节"。那天晚上，父亲也来了，于是哥、姐三人由花生的好处，譬如"味美""能榨油""价格便宜"等特点，进而深入到对于花生价值更深层次的领悟。

倒叙

萧红《同命运的小鱼》

倒叙就是先写结果，然后按照事情的时间发展顺序进行记叙的过程，即根据表达的需要，把事件的结局提到文章的前边，再从事件的开头按事情先后发展顺序进行叙述。即按照结局—发生—发展的格式写，倒叙可以避免平铺直叙，使文章更加生动，起到设置悬念激发读者兴趣的作用。

在《同命运的小鱼》这篇文章中，作者先交代小鱼的结局，然后从刚得到五条鱼，准备做菜时写起，再叙述如何小心喂养活下的两条小鱼，之后如何又死了一条，而那剩下的一条，最后也因我们的疏忽而跳出水盆死掉。文章采用倒叙的形式，在读者读到开头"我们的小鱼死了。它从盆中跳出来死的。""我后悔，为什么要出去那么久！为什么只贪图自己的快乐而把小鱼干死了！"便产生疑问，从而产生继续阅读的强烈兴趣，这样做使文章曲折有致，也增强了其生动性。

插叙

《母亲的菊花》

插叙是在叙述中心事件的过程中，为了帮助展开情节或刻画人物，暂时中断叙述的线索，插入一段与主要情节相关的回忆或故事的叙述方法，再接着叙述原来的内容。即：发生—发展—其他内容—结局。插入的内容对主要事件起到补充作用，使内容更丰富，情节更完整。

例如，《母亲的菊花》第五段插叙了父亲爱菊养菊的经历，交代了母亲等菊花开时再拍照的原因,揭示了前文设置的悬念,使文章内容更加充实,结构曲折有致,也突出了父亲高洁的品格。

四、补叙

补叙,是叙述过程中用几句话对前面说的人或事作一些简单的补充交代。即:发生—发展—结局—补充叙述。补叙可以补充人物形象,有助于更好地表达主题。

补叙和插叙有一定的区别:补叙补入的是基本事件发展中必不可少的环节,去掉则影响故事的完整性,补叙可以在文章中也可以在文章末。插叙插入的是基本事件之外有关的情况,去掉不影响完整性。插叙只能出现在文章中不能出现在文章末。

《第二次考试》的开头就为读者设下了悬念:"陈伊玲,初试时成绩十分优异:声乐、视唱、练耳和乐理等课目都列入优等,尤其是她的音色美丽和音域宽广令人赞叹。而复试时却使人大失所望。"什么原因造成了她如此的反差?在文章的中间作者一直没有说明原因,直到文末,作者才通过孩子的口交代了她复试表现失常的原因:"二三天前,这里附近因为台风而造成电线走火,好多人家流离失所,陈伊玲为了安置灾民,忙得整夜没有睡,终于影响了嗓子。"从而,将陈伊玲身上善良真诚、公而忘私的宝贵品质展现在读者面前。

何为《第二次考试》

【思考练习】

1. 从《记我的一件错事》《改变》《挫折告诉我》中任选一个题目,选择顺叙、倒叙、插叙、补叙的方式,围绕所选择的题目写一篇记叙文。

2. 阅读以下材料,根据要求写一篇记叙文。

教育学家苏霍姆林斯基曾说过,教育的理想就在于使所有儿童都成为幸福的人。幸福是现代教育的终极价值,"有灵魂的教育"不仅要将孩子培养成为有用之人,而且应教他们追求幸福,将他们培育成幸福之人。

请以"幸福"为话题,采用"以小见大"的手法写一篇记叙文。

第五节　线索分明

线索是叙事性文学作品中贯穿整篇文章的脉络,是文章的纲,它往往通过一些词、句表现出来,抓住这个纲就能理清文章的脉络,让叙述条理更清晰。

一、线索的种类及作用

　　文章的线索可以分为单线和双线,单线就是在一篇文章中以时间、空间、人物、事物、景物、情感等为一条线,贯穿于整篇文章;双线就是在一篇文章中有两条脉络,这两条脉络可以是一暗一明,也可以是两条主线或者是一主一次两条线索。我们常见的双线是明线和暗线交织,构成一篇文章的脉络。明线让文章脉络一目了然,使读者了解事件发展构成,暗线隐藏于明显之下烘托主题。

二、单线

　　单线就是文章中只有一条线索贯穿事件发展的整个过程,让文章的脉络清晰可见。单线是将与文章题目息息相关的人、事、物串联起来,使文章结构浑然一体,相互融通。

(一) 以时间为线索
按照事件发展的时间顺序进行叙述。

 例文

金 色 花
[印度] 泰戈尔

　　假如我变成了一朵金色花,为了好玩,长在树的高枝上,笑嘻嘻地在空中摇摆,又在新叶上跳舞,妈妈,你会认识我么?

　　你要是叫道:"孩子,你在哪里呀?"我暗暗地在那里匿笑,却一声儿不响。

　　我要悄悄地开放花瓣儿,看着你工作。

　　当你沐浴后,湿发披在两肩,穿过金色花的林荫,走到做祷告的小庭院时,你会嗅到这花香,却不知道这香气是从我身上来的。

　　当你吃过午饭,坐在窗前读《罗摩衍那》,那棵树的阴影落在你的头发与膝上时,我便要将我小小的影子投在你的书页上,正投在你所读的地方。

　　但是,你会猜得出这就是你孩子的小小影子吗? 当你黄昏时拿了灯到牛棚里去,我便要突然地再落到地上来,又成了你的孩子,求你讲故事给我听。

　　"你到哪里去了,你这坏孩子?""我不告诉你,妈妈。"这就是你同我那时所要说的话了。

　　作者写孩子变成金色花与妈妈之间的玩闹,"当你沐浴后""当你吃过午饭""黄昏"这些表示一天时间推移的词推动情节发展。而这些表示时间推移的词就是文章的线索,抓住了

这条线索我们就理清了在不同时间做了哪些事,这些事共同反映一个什么样的主题。

(二) 以空间为线索

通过由一个地点向另一个地点的转移为线索来写出人物的见闻和感受。例如《从百草园到三味书屋》,从题目就可以看出文章是以地点的转移为线索来展开叙述的。

文章由远及近,由高到低,先写远远望见的、粗线条的景物,如菜畦、皂荚树,再写身边、脚下、眼前的景物,如何首乌根、覆盆子果实。这些时空变化的词语让我们能够了解作者所描绘的百草园以及三味书屋,从而反映出其中体现的童趣。

(三) 以人物为线索

以人物为线索要抓住人物“形”和“神”两方面。“形”即外形,指长相、体态、身份、地位等;“神”是人物内在的、本质的内容,如气质、境界、性格、心理活动等。以人物为线索就是将人物思想性格中最真实的一面展现出来,要能充分揭示其内在的精神面貌。

文章以“母亲”为线索,记叙了在“我”的童年、少年时代,母亲对我影响较大的几件事,全篇围绕“母亲”展开,文中字里行间表达出母亲对“我”的深切关爱和严格教育,彰显了母爱的伟大。

胡适《我的母亲》

(四) 以事情发展为线索

以事情发展为线索就是按照事情发生的时间、地点、起因、经过、结果为叙述过程的叙述。重点关注事件的起始、发展、高潮、结局以及人物在事件中起到的作用。

 **例文**

倔强的小红军

陈　靖

陈赓同志回顾自己革命经历的时候,曾经深情地谈起这样一件往事。

那是深秋的一天,太阳偏西了。由于长时间在荒无人烟的草地上行军,常常忍饥挨饿,陈赓同志感到万分疲惫。这一阵他掉队了,牵着那匹同样疲惫的瘦马,一步一步朝前走着。忽然,看见前边有个小红军,跟他一样,也掉队了。

那小家伙不过十一二岁,黄黄的小脸,一双大眼睛,两片薄嘴唇,鼻子有点儿翘,两只脚穿着破草鞋,冻得又青又红。陈赓同志走到他跟前,说:“小鬼,你上马骑一会儿吧。”

小红军摆出一副满不在乎的样子,盯着陈赓同志长着络腮胡子的瘦脸,微微一笑,用一口四川话说:“老同志,我的体力比你强多了,你快骑上走吧。”

陈赓同志用命令的口吻说:“上去,骑一段路再说!”

小红军倔强地说:“你要我同你的马比赛啊,那就比一比吧。”他说着把腰一挺,做出个准备赛跑的姿势。

“那我们就一块走吧。”

"不。你先走，我还要等我的同伴呢。"

陈赓同志无可奈何，从身上取出一小包青稞面，递给小红军，说："你把它吃了。"

小红军把身上的干粮袋一拉，轻轻地拍了拍，说："你看，鼓鼓的嘛。我比你还多呢。"陈赓同志终于被这个小红军说服了，只好爬上马背，朝前走去。

他骑在马上，心情老平静不下来，从刚才遇见的小红军，想起一连串的孩子。从上海、广州直到香港的码头上，跟他打过交道的那些穷孩子，一个个浮现在他眼前。

"不对，我受骗了！"陈赓同志突然喊了一声，立刻调转马头，狠踢了几下马肚子，向来的路奔跑起来，等他找到那个小红军，小红军已经倒在草地上了。

陈赓同志吃力地把小红军抱上马背，他的手触到了小红军的干粮袋，袋子硬邦邦的，装的什么东西呢？他掏出来一看，原来是一块烧得发黑的牛膝骨，上面还有几个牙印。

陈赓同志全明白了。就在这个时候，小红军停止了呼吸。

陈赓同志一把搂住小红军，狠狠地打了自己一个嘴巴："陈赓啊，你怎么对得起这个小兄弟啊！"

这篇文章按照事件的发展顺序展开。故事的时间是"深秋的一天"；地点是"草地"；人物是陈赓和一名十一二岁的小红军；事件的起因是在草地上行军非常疲惫，并且常常要忍饥挨饿；经过是陈赓让一个小红军骑马追赶部队，小红军不肯，并要与陈赓的马比赛，而且在陈赓给小红军青稞面时仍然被拒绝；结果是这个小红军在饥饿与疲惫中死去。在这里作者将六要素交代得清清楚楚，使读者能够清晰地把握整个文章的脉络。

（五）以实物为线索

以实物为线索就是选取易于表达情感的景或物，通过描写实物的特征贯穿全文，成为文章的线索，采取一定的顺序进行叙述抒发感情。

例文

白　杨　礼　赞

茅　盾

白杨树实在不是平凡的，我赞美白杨树！

汽车在望不到边际的高原上奔驰，扑入你的视野的，是黄绿错综的一条大毡子。黄的是土，未开垦的荒地，几十万年前由伟大的自然力堆积成功的黄土高原的外壳；绿的呢，是人类劳力战胜自然的成果，是麦田。和风吹送，翻起了一轮一轮的绿波——这时你会真心佩服古人所造的两个字"麦浪"，若不是妙手偶得，便确是经过锤炼的语言的精华。黄与绿主宰着，无边无垠，坦荡如砥，这时如果不是宛若并肩的远山的连峰提醒了你（这些山峰凭你的肉眼来判断，就知道是在你脚底下的），你会忘记了汽车是在高原上

行驶。这时你涌起来的感想也许是"雄壮",也许是"伟大",诸如此类的形容词;然而同时你的眼睛也许觉得有点倦怠,你对当前的"雄壮"或"伟大"闭了眼,而另一种的味儿在你心头潜滋暗长了——"单调"。可不是? 单调,有一点儿吧?

然而刹那间,要是你猛抬眼看见了前面远远有一排——不,或者只是三五株,一株,傲然地耸立,像哨兵似的树木的话,那你的恹恹欲睡的情绪又将如何? 我那时是惊奇地叫了一声的。

那就是白杨树,西北极普通的一种树,然而实在不是平凡的一种树。

那是力争上游的一种树,笔直的干,笔直的枝。它的干通常是丈把高,像是加以人工似的,一丈以内绝无旁枝。它所有的丫枝一律向上,而且紧紧靠拢,也像加过人工似的,成为一束,绝不旁逸斜出。它的宽大的叶子也是片片向上,几乎没有斜生的,更不用说倒垂了;它的皮,光滑而有银色的晕圈,微微泛出淡青色。这是虽在北方的风雪的压迫下却保持着倔强挺立的一种树。哪怕只有碗来粗细罢,它却努力向上发展,高到丈许,二丈,参天耸立,不折不挠,对抗着西北风。

这就是白杨树,西北极普通的一种树,然而决不是平凡的树!

它没有婆娑的姿态,没有屈曲盘旋的虬枝,也许你要说它不美丽。如果美是专指"婆娑"或"旁逸斜出"之类而言,那么,白杨树算不得树中的好女子。但是它伟岸,正直,朴质,严肃,也不缺乏温和,更不用提它的坚强不屈与挺拔,它是树中的伟丈夫! 当你在积雪初融的高原上走过,看见平坦的大地上傲然挺立这么一株或一排白杨树,难道你就觉得它只是树? 难道你就不想到它的朴质,严肃,坚强不屈,至少也象征了北方的农民? 难道你竟一点也不联想到,在敌后的广大土地上,到处有坚强不屈,就像这白杨树一样傲然挺立的守卫他们家乡的哨兵? 难道你又不更远一点想到,这样枝枝叶叶靠紧团结,力求上进的白杨树,宛然象征了今天在华北平原纵横决荡用血写出新中国历史的那种精神和意志?

白杨不是平凡的树。它在西北极普遍,不被人重视,就跟北方农民相似;它有极强的生命力,磨折不了,压迫不倒,也跟北方的农民相似。我赞美白杨树,就因为它不但象征了北方的农民,尤其象征了今天我们民族解放斗争中所不可缺的朴质、坚强、力求上进的精神。

让那些看不起民众、贱视民众、顽固的倒退的人们去赞美那贵族化的楠木(那也是直挺秀颀的),去鄙视这极常见、极易生长的白杨吧,但是我要高声赞美白杨树!

《白杨礼赞》以白杨树为线索进行展开,文章开篇点明题旨,直抒对白杨树的热烈赞美之情,然后描写西北高原的雄伟景象,引出白杨树。接着作者赞颂白杨树力争上游、紧密团结,不屈不挠的精神,突出了白杨树的"不平凡"。作者由树及人地概括白杨的象征意义。从白杨树朴实的风格、内在的美质,联想到中国共产党领导下的"北方的农民",守卫家乡的"哨兵"以及他们团结一致、坚持抗战,用血写出了新中国历史的革命精神和意志。文章的主旨

围绕白杨展开,贯穿全文,抒发情感。

(六) 以作者的思想感情或思想感情的变化为线索

记叙性文章常常通过叙述事件的发展变化抒发自己内心的情感,叙事过程中可以通过人、事、物贯穿于脉络之中,但也可以直接以某种感情变化串联文章,将思想感情隐含在作品之中。

 例文

春

朱自清

盼望着,盼望着,东风来了,春天的脚步近了。

一切都像刚睡醒的样子,欣欣然张开了眼。山朗润起来了,水涨起来了,太阳的脸红起来了。

小草偷偷地从土里钻出来,嫩嫩的,绿绿的。园子里,田野里,瞧去,一大片一大片满是的。坐着,躺着,打两个滚,踢几脚球,赛几趟跑,捉几回迷藏。风轻悄悄的,草绵软软的。

桃树、杏树、梨树,你不让我,我不让你,都开满了花赶趟儿。红的像火,粉的像霞,白的像雪。花里带着甜味,闭了眼,树上仿佛已经满是桃儿、杏儿、梨儿!花下成千成百的蜜蜂嗡嗡地闹着,大小的蝴蝶飞来飞去。野花遍地是:杂样儿,有名字的,没名字的,散在草丛里,像眼睛,像星星,还眨呀眨的。

"吹面不寒杨柳风",不错的,像母亲的手抚摸着你。风里带来些新翻的泥土气息,混着青草味儿,还有各种花的香,都在微微润湿的空气里酝酿。鸟儿将窠巢安在繁花嫩叶当中,高兴起来了,呼朋引伴地卖弄清脆的喉咙,唱出宛转的曲子,与轻风流水应和着。牛背上牧童的短笛,这时候也成天在嘹亮地响。

雨是最寻常的,一下就是两三天。可别恼。看,像牛毛,像花针,像细丝,密密地斜织着,人家屋顶上全笼着一层薄烟。树叶子却绿得发亮,小草也青得逼你的眼。傍晚时候,上灯了,一点点黄晕的光,烘托出一片安静而和平的夜。乡下去,小路上,石桥边,有撑起伞慢慢走着的人;还有地里工作的农夫,披着蓑,戴着笠的。他们的草屋,稀稀疏疏的在雨里静默着。

天上风筝渐渐多了,地上孩子也多了。城里乡下,家家户户,老老小小,也赶趟儿似的,一个个都出来了。舒活舒活筋骨,抖擞抖擞精神,各做各的一份儿事去。"一年之计在于春",刚起头儿,有的是工夫,有的是希望。

春天像刚落地的娃娃,从头到脚是新的,它生长着。

春天像小姑娘,花枝招展的,笑着,走着。

春天像健壮的青年,有铁一般的胳膊和腰脚,领着我们上前去。

朱自清的《春》全文以对春的感情为线索,沿着"盼春—绘春—颂春"的顺序展开叙述。盼春表达出人们对春天的盼望和兴奋喜悦的心情;绘春全面细致地描绘出春景图;颂春赞美春天,点出了春天的特点。作者抓住春天的特点,通过对春天全面、精细、准确、生动地描绘,抒发了对春天的赞美之情,表现了热爱生活、积极进取的精神。

三、双线

双线是文章中包含两条线索,我们常称之为明线和暗线,明线是叙事的主要过程,常常是与文章的标题紧密相关的事物;暗线贯穿于文章的始末,可以是人物的心理变化也可以是文章中反映的主要情感。

蜗牛 · 痕迹 · 我①

蜗牛在阳台上缓缓爬过,它身后那条长长的"线"让我产生了兴趣。我不清楚小小的蜗牛要到哪儿去,但它的黏液留下的痕迹,却告诉我它已经到过了这里。

我在学习的道路上缓缓前进着,困难随处可见,前方讨厌的绊脚石也会越来越多。这让我很沮丧,甚至对未来有些不自信。

蜗牛已爬过了阳台,它正在向屋顶挪动。行动缓慢的它显得更慢了,小心翼翼地,勇敢地向上爬行,身后的痕迹依旧在,让人联想到了它前进的艰辛。我很想帮它一把,刚伸出手却又不由自主地停住了,脑海中蹦出了一个想法:如果没有经历艰难的过程,胜利的终点对于它又有什么意义呢?

我沉浸在茫茫题海中,想休息一下,手中的笔却迟迟不肯停下。休息之余,想到两点一线的生活,想到堆积如山的作业,心中一阵烦闷,怪自己太笨,不懂得"复制"别人的作业,让自己轻松一下,可这个念头才一出现,就被理智给拦截了。学习要踏踏实实啊。

夕阳西下,柔和的金光洒满了大地,墙也变成了金色,小小的蜗牛还在努力地向上爬着。我几乎快看不见那小小的一点了,但我知道,它一定会到达屋顶的。它身后那条长长的痕迹见证了它的努力,也让我明白了,路是一步一步走出来的。

时光飞逝,转眼间,中考到了。经过以前的努力,有心中那不变的信念的支撑,我掌握了丰富的知识,对中考充满自信。

蜗牛,在不懈地努力着。我,为中考不断拼搏着……

蜗牛一步步向上爬的情景启示我,你只有在梦想的途中脚踏实地留下属于自己的痕迹,未来才能绽放光彩。

---

① 选自《中学生阅读(初中版)》2006年第12期。

文章以"蜗牛爬行轨迹"为明线：爬行过程中留下一条长长的痕迹——蜗牛放慢了速度，不接受别人的帮助仍然坚持爬行——蜗牛还在向上爬行；以"我在学习之路上奋斗"为暗线，我在学习的道路上缓缓地前进——遇到困难想要走"轻松的路"，但马上打消了念头——我会为了我的梦想努力。文章结构巧妙，让"蜗牛"与"我"两条线索并行，并围绕"痕迹"作文。

【思考练习】

阅读下面的短文，找出本文的线索，并思考它是以什么形式出现的。

这不是一个童话

一天晚上，我把自己关在屋子里，全神贯注地做着作业。电灯突然灭了，房里一片漆黑。我急得要哭，今天的作业特别多，我完成的还不到一半呢。这时，妈妈摸进了屋子，轻轻地问："孩子，作业完成得怎么样了？""完成还不到一半，停电了怎么办？"我没好气地回答，"我们家里有没有蜡烛呀，快拿给我！""没有，我们家一直用电灯。"妈妈不安地回答。我泄气地倒在床上，眼泪在眼眶里打着滚儿。看着我着急的样子，妈妈叹息地出去了。

忽然，我听到了一阵"窸窸窣窣"的声音，不大一会儿，门前亮了起来，妈妈一手托着旧时用过的煤油灯，一手扶着墙，颤巍巍地走了进来，那微弱的灯光照在她脸上，闪烁着慈祥的光芒。

"孩子，快起来做作业吧，可别耽误了功课，都怪我，没有准备好蜡烛，这是我们家以前的煤油灯，光线暗了点，委屈你了。"妈妈缓缓地说，饱经风霜的脸上皱纹显得更深了，那双老花眼闪烁着灰黄的光芒。盯着这盏在微微晚风中摇曳的昏黄的冒着黑烟的煤油灯，好一会儿，转过头来亲切地对我说："你爸爸年轻时，就是在这灯下认字的。"

"爸爸就是在这盏煤油灯下识字、读书，脱掉文盲的帽子，这是真的？"

"孩子，妈妈什么时候骗过你。"

"这简直是一个童话！"我脱口失声地自语道。

"这不是童话，这是真的。"爸爸听到我们的谈话，从里间走了出来，在昏黄的灯光中晃动着高大的身影。"那时刚解放，苦日子熬到头，各方面还是很困难，党和政府从根本上为农民着想，大规模进行扫除文盲，乡村都有夜校，我就是自个儿拿着煤油灯上夜校的。一双结满茧子的手，一笔一画地学写'听毛主席的话，走共产党的路'。经过几年的学习，我已能看报纸杂志，读懂《毛泽东选集》了。"爸爸的声音充满了自豪。

"孩子，你真幸运，你是伴着光明出世的，你出生时，村里已经有电灯了。"爸爸又深情地对我说。说也凑巧，爸爸说到这里，电灯突然亮了。在明亮的灯光中，我默默地端详着爸爸妈妈，他们似乎年轻了，脸上皱纹少了许多。

"孩子,跟着党走,日子越过越红火,咱家承包的柑橘今年长势大好,明年收成后抱台大彩电!"爸爸微笑着对我说。我那高兴的劲儿甭提了,因为我家电器购置了不少,单缺彩色电视机,明年买一台,这根本不是童话。

"孩子,继续做作业吧,知识是真正的财富,要先富脑袋,才能富口袋啊!"爸爸一边像藏传家宝似的把煤油灯轻轻放进壁橱里,一边幽默地对我说,"我是学了《柑橘栽培与管理》这本书,把知识理论与生产实践结合起来,柑橘才获得好收成的。"我心领神会地点了点头。

作业做完了,我静处在明亮的灯光中,安闲而舒适,但我只觉得:煤油灯的光芒比电灯光还要亮,爸爸在煤油灯下学写"听毛主席的话,走共产党的路"这几个字时全神贯注的神情,永远闪现在我的脑海里。

昏黄而又明亮的煤油灯,我将在你的照耀下,写最新最美的诗篇,画最新最美的图画,这更不是一个童话。

第六节　靓化语言

有这样一个故事:有一天,英国著名诗人拜伦看见一位盲人在路边乞讨,身上挂着一个牌子写着"自幼失明,沿街乞讨"。可是他手上的那个破盒子里却空空如也。于是,拜伦在他的牌子上写上了一句话:"春天来了,可是我却看不见。"行人见后纷纷解囊。这就是语言的魅力,刘勰在《文心雕龙》中提到"夫人之立言,因字而生动,积句而成章,积章而成篇",就是说语言中的词句是文章的基础,其重要性好比建筑的基石。语言的靓化可以增强文章的可读性和感染力,才能深入人心。靓化语言可以从以下四个方面入手。

一 恰当使用修辞

"言以足智,文以足言"就是说语言可以穷尽思想感情,文采可以提高语言的表现力,一篇文章的文采可以通过修辞来表现,使文章更具艺术魅力。

例如朱自清《春》中的一段话:

"吹面不寒杨柳风",不错的,像母亲的手抚摸着你。风里带来些新鲜的泥土的气息,混着青草味儿,还有各种花的香,都在微微润湿的空气里酝酿。鸟儿将窠巢安在繁花嫩叶当中,高兴起来了,呼朋引伴地卖弄清脆的喉咙,唱出宛转的曲子,与轻风流水应

和着。牛背上牧童的短笛，这时候也成天在嘹亮地响。

这段文字运用了比喻、拟人等多种修辞手法，将"风"喻成"母亲的手"，化无形为有形，化形象为具体；鸟儿高兴地唱歌，与轻风流水应和，以拟人的方式将景物与人物情感交织在一起。

二、句式结构灵活

记叙文写作如果掌握不好详略就容易变成词语的堆积，句式灵活可以突出文章的层次感，避免辞藻的堆砌、繁冗。句式结构有单句、复句；长句、短句；整句、散句之分。

单句是由短语或单个词构成的句子；复句是由两个或两个以上意义紧密相连、结构相互独立的单句组成的句子。长句字数较多，结构相对复杂，修饰成分较多；短句是字数较少，结构简单的句子。整句是结构相同或相似的句子；散句是长短不一、结构不同的句式来展现参差美。在作文的过程中可以灵活使用句式突出文章的语言美。

例如《齿轮》中的一段话：

时钟一下一下走过，每一步都有齿轮的转动，每一步都写下长与短的补合。爱因斯坦这科学之坛的巨匠，在太长的生命路途中，写下波尔的名字。也许是面红耳赤的唇枪舌剑，也许是互不相让的据理力争。竞争中，两位科学家的长长短短补出了伟大的友谊，补出了人类世界的科学，补出了永远闪烁明光的智慧。双赢是合作的双手种下的果实，这果实属于双方，这果实又岂限于双方？牛顿与伽利略，开普勒与第谷，一对对智慧的星辰在相互映照下，照彻了整个人类原本蒙昧、无知的夜。前进的齿轮，一次次长与短的咬合，推进着文明的脚步。

作者先用比喻性散句，然后用整句突出两位科学家在据理力争中的成果，再用反问句式强调自己的观点，采用整散结合的方式使文章节奏感强，观点鲜明。

三、引用诗词名言

"他山之石，可以攻玉"。作文中恰当地引用诗词、名言、流行语可以起到揭示主题的作用，又给文章增添了文采，意蕴深刻。巧妙而恰当地引用可以书写心志，阐发哲理；描绘景致，叙述故事；可以提升语言品位，夺人眼目。

例如《从前慢》中的这段文字①：

---

① 选自《意林中考满分作文与名师阅卷解析①》。

于是我不再追赶,将定义了匆忙的世界置换,留下一条长长的河流。我也会在晨曦中水袖飘飘,跌宕一曲轻音绝唱;我也会在昏昃下起承转合,用岁月在莲上写诗。乾坤而行,我也会小住暂留,只为仰望清辉月光。曾几何时的困惑,我早已给出了解答。

蝉噪林愈静,鸟鸣山更幽。慢慢地,我回到从前。

作者独具匠心,在学业中产生困惑,在江南山水中反思自己,剔除内心的浮躁,文章结尾写回归宁静,用诗句"蝉噪林愈静,鸟鸣山更幽"作结,使文章充满诗意。

再如《感激的记忆》中的这段文字①:

"相见时难别亦难,东风无力百花残。"在这离别的七月,我不禁感叹:"流光容易把人抛,红了樱桃,绿了芭蕉。"可有一个记忆,是用行动来表达的,它一直埋藏在心底……

作者引用诗句和俗语,表达时间的短暂。

四、语言生动传神

记叙文写作讲究语言的靓丽,但靓丽并不等于一定要使用过于华丽的词语,所谓生动传神就是在描写人、物、事的过程中语言富有感染力,让人印象深刻。使用诗意化的语言,多用动词、形容词、叠词等,可以使描写的形象更加丰满。

例如《从前慢》中的这段文字②:

身体随着车厢晃荡,我默默地检查今日的规划——上午语文和英语"并肩而立",下午数学和物理"纷至沓来",穿梭于街巷与楼房,切换于酷夏与清凉,我就是李商隐笔下的"转蓬",嗟余听鼓,走马兰台。

透过车窗,看见车流裹挟着日色匆匆而去,任影子被风吹散成猎猎的旗,一切都那么漫无目的,我常常觉得困惑。每天匆匆忙忙,把速度奉为圣旨,却听不见付出的回响。诚然,岁月不居,时节如流,可真的要这么快吗?

"车流裹挟着日色匆匆而去"中"裹挟"用得很传神,日色都被裹挟,衬托出"我"一天的忙碌,而且不见回响,不禁产生困惑。

---

① 选自《意林中考满分作文与名师阅卷解析①》。
② 选自《意林中考满分作文与名师阅卷解析①》。

【思考练习】

运用所学方法改写以下片段,力求使语言更生动。

1. 前几天,我脸上长出了十几个青春痘,我并不在意,哪想到越长越多了。

2. 我们只有树立远大的志向,才能成就一番宏伟的事业。

3. 我爱祖国的大好河山,比如庐山瀑布、泰山绝顶,还有那黄河九曲、长江三峡,以及那秀丽江南。

第七节 波 澜 起 伏

古人云"文似看山不喜平",文章内容跌宕起伏可以引起读者的兴趣,而设置悬念可以让文章兴起波澜、发生变化,波澜起伏进而峰回路转,当谜题揭开让人有恍然大悟之感。

一、伏笔法

伏笔就是在记叙的过程中对即将要出现的人或要发生的事情有一个预先的暗示。这个预先暗示往往一笔带过但不深入、细致地描写,而是在文章后面突出主题时再详细叙述。

 **例文**

身后的牵挂
姚艺力

天边,抹着淡淡的夕阳红,太阳依然耀眼,但少了一份不羁,多了一丝柔和。我的脚步愈加沉重,视线处处捕捉两个熟悉的身影,却一无所获。

心乱如麻,手心沁出了汗珠,却迷失了方向。

望着这陌生的城市,陌生的面孔,陌生的节奏,心中早已被恐惧占据,只剩下一个念头:他们一定也在找我,我一定能找到他们!

后悔!当初为什么离开爸爸妈妈而去买书皮呢?于是我想抄近道赶上他们,却不经意间走失了。

先放松一下,自我安慰,企图使自己冷静下来。于是,放弃了盲目寻找,开始快步走向商店,心中暗暗祈祷有公用电话。终于,看到了一个画有电话的指示牌,便再也抑制不住,跑了过去,心情一下放松了,憧憬着看到爸爸的时刻。向商店内问道:"阿姨——

电话在哪?"她甩了甩洗菜的手,抬头望向我:"电话坏了。"我立刻愣在那里,不知所措。眼看着希望一点点飞走,可还企图抓住它的尾巴:"阿姨,您有电话吗? 借用一下,一下……"可是她却冷笑一声:"没有!"

　　我悻悻地离开了,恐惧、害怕,紧紧包住了我,但想到爸爸妈妈同样在找我,便又有了勇气,在站牌旁站着等他们,因为我相信,他们一定会找过来的。

　　天边的夕阳红忽然变得羞涩起来,煞是可爱。我知道,这一天就这样快要过去了。就在这时,我忽然听见有人叫我。我忙回过头,那一瞬间,看见爸爸慌里慌张的,刚停下,便问道:"你这孩子,怎么乱跑,都把我们吓得……"看着他零乱的头发,慌张的神态,被风吹得乱七八糟的衣服,目光中有些许疲惫,或许他比我还焦急,要不然,怎么看上去一下子苍老了许多。说完,他就掏出手机给妈妈打电话。顿时,眼中涌满了水,一滴滴落下,渐渐迷住了双眸。但我仍能在晶莹的泪光中看见他的目光,目光中无不闪烁出爱,洋溢着欣喜,犹如冬日的阳光,把我的心暖热了。

　　岁月荏苒,无论时光如何变迁,我最不能忘记的就是那次迷路后爸爸找到我时的目光,每当想起那件事,我总能在晶莹的泪光中看到他那充满爱意和焦急的神情! 唉! 无知的我啊,何时才能长大!

　　文章写迷路之后的情景和父母找到我时的内心描写,运用了伏笔的手法,使文章内容充满波澜,例如文章开篇"但少了一份不羁,多了一丝柔和",以及倒数第二段景物描写"天边的夕阳红忽然变得羞涩起来,煞是可爱"都为自己迷路和父母能找到我留下伏笔。

二、对比法

　　用对比的方法设置悬念往往先写此景、此人与平日的不同之处,然后抓住作者需要突出的"某一方面"大做文章:一开始让读者迷惑不解,伴随着文章的逐层推进,因事态发展而让人豁然开朗。运用此种悬念法,往往能让人印象深刻,使文章的主题新颖深刻。

　　例如,《最后一课》前面部分从四个方面写出了上课前教室里气氛的不同寻常。这时,读者可能会问"为什么今天上课前如此安静呢"? 诸如此类的疑问颇多,但随着情节的推进发展,一切显得顺理成章。在对比中我们感受到了这堂课的特殊教育意义。对比设悬念让文章妙趣横生,主旨鲜明。

都德《最后一课》

三、悬念法

　　悬念法就是在作文中设置一些疑团,不予解答,这样可以激发读者阅读的兴趣,产生挖掘"谜底"的热情,并在适当的时机揭开"谜底",避免文章过于平淡。

　　例如《一碗阳春面》,大年三十深夜,母子三人来到面馆吃面,来这么晚,而且三人只吃一

碗,这一情节便引起读者的好奇。一年后他们仨依然共吃一碗阳春面,加深了读者的疑问。第三年,时间、地点、人物依旧,阳春面变成了两碗,这又是为什么? 读者的好奇心上升到极致,然后作者通过母子三人的对话交代了他们所遭遇的厄运。这就是设置悬念法。

四、抑扬法

"抑"指的是批评、贬低等,"扬"则是体现对人或事的赞同、表扬。抑扬法包括先抑后扬和先扬后抑两种方式,运用抑扬可以增添阅读的兴趣,避免"一马平川"。

例如唐弢在纪念鲁迅诞辰 80 周年时写的《琐忆》中就运用了先抑后扬的手法。文章记

叙了和鲁迅的几次谈话来赞扬其人格,但开始却说鲁迅"多疑""世故""脾气大""不容易接近"等,这便是采用了抑笔。后面逐一解除了先前的误会,原来,鲁迅对青年平易近人,亲切热情,从不使用教训口吻;而对那些攀附阔佬的奴才、伪装的道学者等,那确实是很有"脾气",也很爱"骂人"的。这样,文章前后抑扬的呼应便形成了波澜。

唐弢《琐忆》

【思考练习】
请以"成长"为话题,结合本节所学知识内容,写一篇记叙文。

第六章　议论文写作

议论文是以议论为主要表达方式的文章,作者在文章中提出自己的观点、主张或批评意见,从而达到使读者信服的目的。议论文是现今高考和教师资格考试的主要考查文体,在备考过程中必须引起考生的重视。

第一节　审题准确

所谓审题,就是作者要根据命题者提供的文字材料、图画材料等,准确、完整地把握材料的主旨,从而确定写作的角度,确立论点,进而写出一篇符合题干要求的文章。审题在考场作文中显得尤为重要,下面介绍五种常见的审题方法。

一、概括主旨法

近年来,教师资格考试的作文题目基本上以材料作文为主,而概括主旨法是写材料作文最为常见的,也是最为稳妥的方法。写材料作文时,如果能准确地提炼出材料中的主旨,并把其作为自己文章的主旨,那这样的文章一定会十分切合题意。例如下面这则作文题:

> 一个青年来到绿洲,碰到一位老先生,年轻人问:"这里如何?"老人家反问:"你的家乡如何?"年轻人答:"糟透了! 我很讨厌。"老人家接着说:"那你快走,这里同你的家乡一样糟。"后来又来了另一个青年问同样的问题,老人家也同样反问,年轻人回答说:"我的家乡很好,我很想念家乡的人、花、事物……"老人家便说:"这里也是同样的好。"旁听者觉得诧异,问老人家为何前后说法不一致呢? 老者说:"当你以欣赏的态度去看一件事,你便会看到许多优点,以批评的态度,你便会看到无数缺点。"

这则材料的主旨是"学会欣赏"，可以此作为这则材料的中心立意，进而写出自己通过这一事件所引发的思考。

二、把握关键词法

材料中的关键性词句往往是材料的"文眼"，有揭示材料中心的作用。因此，可将其作为把握材料、选择立意角度的突破口。因此，准确抓住材料中的关键性词句并着重分析是提炼文章主旨的常用方法。例如：

> 当下，流行着这样一种观点，能力很重要，但有一样东西比能力更重要，那就是人品。人品是一个人真正的最高"学历"。

显然，这则材料的关键词就是"人品"，材料通过对比能力与人品，最终提出"人品是一个人最高的'学历'"这一中心，抓住了这一关键词，写作时就应围绕"人品"而展开论述，从而写出一篇切合题意的文章来。再如这篇真题：

> 妈妈问孩子："棉被放在床上一直是凉凉的，可是人一躺进去就变得暖和了，你说是棉被把人暖热了，还是人把棉被暖热了？"孩子一听笑了："妈妈你真糊涂啊，棉被怎么可能把人暖热了，是人把棉被暖热了。"妈妈又问："既然棉被给不了我们温暖，反而要靠我们去暖它，那么我们还盖棉被做什么？"孩子想了想说："虽然棉被给不了我们温暖，却可以保存我们的温暖，让我们在被窝里睡得舒服呀！"

在这则材料中，妈妈和孩子的对话里反复出现了"暖热""温暖"两个词。经过阅读，我们不难发现"暖热"一词说的是棉被与人之间的相互关系：人先暖热棉被，棉被再温暖人。如果联系生活实际，在生活中提到"相互"，可能会说"爱是相互的""信任是相互的"，那么在彼此信任的时候，一定是"你先信任对方，对方才会信任你""你先付出了，才会收获回报"。所以，我们首先可以从这个角度去立意。其次，"温暖"一词，一直贯穿到了最后，而且不难发现在讨论棉被有没有用的时候，孩子最后做了一个总结性的回答，并且出现了转折性的"却"，后面的内容是要重点分析的。孩子说："棉被可以保存我们的温暖，让我们在被窝里睡得舒服呀！"换句话说，棉被可以一直给孩子提供温暖，为他的睡眠提供一个舒适的环境。

此写作材料通过一位妈妈和孩子之间的对话，道出了教育的真谛，老师就像是一层棉被，需要精心呵护孩子，让他们健康成长。文章立意可从关心、爱护学生，带给学生温暖与幸福的角度展开。

三、寓意揭示法

对于一些故事性的材料,如寓言、童话、漫画等,要确定主旨,就需透过材料的表象,展开联想,即由材料中的物联想到人,进而联想到与材料内容相类似的人生哲理、社会现象等,挖掘其真正的内涵,从而确立论点。例如:

> 兔子是短跑冠军,但是不会游泳。松鼠是爬树冠军,但是也不会游泳。鸭子教练却逼着兔子和松鼠学游泳,费了九牛二虎之力,但成效也不大。鸭子教练还不明原因地嚷嚷:"成功的90%来自汗水。加油! 加油!"

这则材料是一个寓言,材料中有兔子、松鼠、鸭子三个形象,兔子和松鼠可以象征学生群体,鸭子象征教师。教练鸭子说:"成功的90%来自汗水。加油! 加油!"这是在鼓励学生,在教育过程中强调了努力的重要性,但它没有看到先天条件的制约,没有准确地给学生定位,没有因材施教。因此,无论是兔子还是松鼠,虽然经过了努力,但不可能收到令人满意的成效。通过以上分析,我们可以看出,这则材料作文可以站在教师的角度谈如何培养学生,要了解每个学生的生理特点、个性差异,为他们制定适合的学习路径,真正做到因材施教。从扬长避短、注重个性特征、因材施教等方面进行思考,都是正确的立意。

四、由果推因法

大千世界,万事万物都是互相联系的,有因即有果,有果必有因。写材料作文,审题时如果能由材料中列举的现象或结果推究出造成所列现象或结果的本质原因,往往能找到最佳的立意。例如:

> 一个六岁的孩子,放学回家后,拿起刀子就要切苹果。只见他让苹果横躺下,一边是花蒂,一边是果把,刀子放在中间。刚要切,爸爸赶忙喊道:"切错了! 切错了!"话音刚落,苹果早已被切开,儿子拿起一半给爸爸看,喊道:"爸爸快看,好漂亮的一颗五角星!"只见苹果的横断面上,由果核的轮廓组成了规则的五角星。
> 为什么会出现五角星图案? 那是因为小孩子不按常规而横切苹果。

在材料中,父亲没来得及阻止用"错误"方法切苹果的孩子,但这一看似错误的举动却恰恰带来了惊喜,究其原因,正是孩子的创造性思维造成了这一结果,所以这一材料的文章立意应为:创造性思维使人获得意想不到的成功。再如下面这则真题:

美国心理学家罗森塔尔和助手们来到一所小学，罗森塔尔以赞许的口吻将一份"最有发展前途者"的名单交给了校长和相关老师，并叮嘱他们务必要保密，以免影响实验的正确性。八个月后，罗森塔尔和助手们对那份名单中的学生进行复试，结果奇迹出现了：凡是上了名单的学生，个个成绩有了较大的进步，且性格活泼开朗，自信心强，求知欲旺盛，更乐于和别人打交道。

这则材料是一个著名的心理学案例——罗森塔尔效应，材料的内涵比较深，如果学生熟悉这则心理学案例，则会很快地找到立意的要点；如果不熟悉，很有可能看过材料之后一头雾水，或者立意偏题。所以，在备考时，应该注意多积累一些经典的心理学案例，对审题立意是有帮助的。

针对此则材料的立意，可以从结果入手，故事的结果是"凡是上了名单的学生，个个成绩都有了较大的进步，且性格活泼开朗，自信心强，求知欲旺盛，更乐于和别人打交道"。从这里我们不难分析出原因，那就是故事里使奇迹出现的关键因素不是学生自身，而是心理学家和校长、老师，在这里罗森塔尔的"权威性谎言"发挥了作用。因为罗森塔尔教授是著名的心理学家，在人们心中有很高的威望，他刻意编织的"权威性谎言"对老师产生了暗示作用，令老师们深信不疑，影响了对名单上学生能力的评价，老师又将自己的这一心理活动通过自己的情感、语言和行为传染给被选出的学生。被选出的学生感受到了老师的信任和期望，相信自己优秀。于是，这些学生变得更加自尊、自爱、自信、自强，从而使各方面得到了异乎寻常的发展。

这则材料可以有以下五种立意：积极暗示能激活思维，激发潜能；鼓励、赞美孩子，培养他们的自信；满怀期望的激励；暗示是一种力量；赏识教育。

五、辨析异同法

这种方法适用于由多个材料构成的作文题中，作者通过分析、比较，辨别出各则材料之间的相同点和不同点，从它们共同的、本质的内容中提炼出中心立意。例如：

苏格拉底说："快乐就是这样的，它往往在你为着一个明确的目标忙得无暇顾及其的时候突然来访。"

培根说："外在的偶然因素经常影响人的命运，但人的命运主要还是掌握在自己的手中。"

这个材料的立意不是十分明显，苏格拉底的话中"快乐"是关键词，而培根话中的重点是"命运掌握在自己的手中"，综合两人的话可以确定"快乐掌握在自己手中"这一立意。

【思考练习】

阅读下面的材料,提炼材料中的观点,并用一句话来概括文章的立意。

1. 顺治七年冬天,书生周容前往镇海县城,小书童背着一大摞捆扎好的书跟随其后。眼看太阳就要落山,周容问一摆渡人:"待我们赶到县城,城门还开着吗?"摆渡人仔细打量了小书童一番,回答说:"若是慢慢走,城门还会开着;若是惶急赶路,城门怕就关上了。"周容觉得摆渡人是在戏弄人,便带小书童快速前行。城门在望了,急着赶路的小书童却摔了一跤,捆扎书的绳子摔断了,书散落一地。等他们把书整理捆好,城门已关了。直到这时,周容才明白了摆渡人那番话的意思。

2. 有人曾说世界上只有两种动物能到达金字塔顶,一种是老鹰,一种是蜗牛。请以这句话所蕴含的哲理为话题写一篇文章。

3. 一个人有一张出色的由黑檀木制成的弓。他用这张弓射得又远又准,因此非常珍惜它。有一次,他仔细观察它时,说道:"你稍微有些笨重! 外观毫不出色,真可惜! ——不过,这是可以补救的!"他思忖:"我去请最优秀的艺术家在弓上雕一些图画。"于是,他请艺术家在弓上雕了一幅完整的行猎图。

"还有什么比一幅行猎图更适合这张弓的呢!"这个人充满了喜悦,"你正应配有这种装饰,我亲爱的弓!"说着,他就试了试;他拉紧了弓,弓却断了。

第二节　拟 题 亮 眼

题目位于文章的首位,是文章传递信息的重要组成部分,它是文章的眼睛,好的标题应准确反映文章的主旨或范围,对于考场作文来说,文章题目的优劣直接决定了阅卷老师对文章的第一印象。那么,什么样的作文题目才能算是好的题目呢?

一　拟题的原则

第一,题目要符合题意。标题应该紧扣文章内容,有的放矢,让读者一目了然。在材料作文中,标题应切合材料的内涵。

第二,题目要新颖、有创意。考生要使自己的文章在成百上千的考场作文中脱颖而出,就不能选择过于陈旧、俗气的题目,要给阅卷老师眼前一亮的感觉,但独特、有创意绝不是标新立异甚至哗众取宠,题目要使文体特点、文章立意和语言风格保持一致。

第三,题目语言要优美、形象。文章的题目要表现出一定的语言美,这样会给阅卷老师

一个"考生有较好文采"的印象，从而影响作文分数的评定。

第四，题目要精练。标题要精炼，字数不宜过长，一般控制在 10 字左右，最多不应超过 20 字。

二、拟题的方法

拟题的方法有许多，现着重介绍五种考场作文常用的方法。

1. 揭示中心法

文章标题应紧扣文章内容，起到揭示中心的作用，不能为了追求结构的完整而拿标题当作摆设。在材料作文中，更应拟出切合材料内涵和中心的题目。如 2015 年山东高考作文材料：

乡间有谚语："丝瓜藤，肉豆须，分不清。"意思是丝瓜的藤蔓与肉豆的茎须一旦纠缠在一起，是很难分辨的。

有个小孩想分辨两者的不同，结果把自家院里丝瓜和肉豆的那些纠缠错综的茎叶都扯断了。

父亲看了好笑，就说："种它们是用来吃的，不是用来分辨的呀！你只要照顾它们长大，摘下瓜和豆来吃就好了。"

国家教师资格考试的作文题一般都与教育有关，这则材料作文也可从教育方法方面入手，通过分析我们可以看到，这则材料作文可从多个角度进行立意：从父亲的角度，我们可以肯定父亲的生活经验，提炼出"向长辈学习，可以少走弯路"这一立意，参考题目可以为"要多听别人的意见""虚心求教助你成功"等。从儿子的角度，我们可以立意为"探究精神的可贵"，参考的题目可以为"打破常规，获得成功""突破自我，勇者胜""保护孩子的探索精神和创造性"等。从两种植物的生长角度也可以立意为"顺应和尊重生物成长规律"，可以拟题为"尊重学生发展规律""顺应自然，自由成长"等。这些题目都能起到揭示文章中心的作用，让读者对内容、主旨一目了然。

2. 运用修辞法

在作文题目中使用修辞手法可以增加文章的文采，使之更加形象、生动，更能引起读者的阅读兴趣。题目中常见的修辞手法有比喻、拟人、对偶、夸张、反问、设问、对比、仿拟等。

比喻：如《失败不是生活的毒药》《我心如雪》《像金子一样美好的心灵》《用关爱之水浇灌生命之花》等。

拟人：如《牵牛花的自述》《"树"的叹息》《森林的"泪水"》《地球求医记》等。

对偶：如《褪浮华，显本真》《榜上无名，脚下有路》《发挥期望效应，促进学生成长》《个性发展，因材施教》等。

夸张：如《世界不大是个家》《花瓶能装下春天》等。

反问：如《困苦何足惧?》《中国的教育家,您难道还没有发现吗?》等。

设问：如《等一等又何妨?》《成长有谁听?》《沉默是金吗?》《中国人失掉自信力了吗?》等。

对比：如《坚硬与柔软》《待人以钱,不如待人以诚》等。

引用：如《阳光总在风雨后》《一蓑烟雨任平生》《雏凤清于老凤声》等。

仿拟：有时为了表达的需要,换掉现成的成语、诗句中的某一个字(词)从而创造出新意,这种手法叫作"仿词"。如:《怎一个"勤"字了得》《近月楼台"贤"得月》《诚以养德,信以修身》《乐在"棋"中》等。

3. 扩展法

所谓扩展法就是在所给话题的前面或者后面加上适当的词语,从而拟出比话题更具体的题目。例如,"诚信"的话题可以"与诚信同行""用心灵呼唤诚信"等为题。

4. 悬念法

一篇文章如果根据题目就可以推知内容,那么这样的题目太过于平淡,势必缺乏吸引力,不能抓住阅卷老师的眼球。因此,考生在拟题时应学会巧妙地设置悬念,这样可以激发阅卷老师的阅读兴趣,达到既定的目的。如下面这则作文题:

> 当下,流行着这样一种观点,能力很重要,但有一样东西比能力更重要,那就是人品。人品是一个人真正的最高"学历"。

对于这则材料我们可以"最高的'学历'"为题,读者读过之后便会产生疑问,"最高的'学历'"指的是什么? 继而产生继续阅读的兴趣。如果题目直接写成"人品——最高的学历"就显得过于直白,失去了韵味。

5. 逆向法

逆向法即逆向思维拟题法,指打破正常思维,以违反生活常理的语言拟题,因为任何事物都具有两面性,一般的作文立意、拟题都从正面入手,这虽然是最保险的方法,但缺乏新意,而运用求异思维,把一些大家公认的道理从反方面来认识,从而提炼出自己的观点,这种拟题方法能给人一种出其不意、焕然一新的感觉。如,《开卷未必有益》《近墨者未必黑》《真想做个后进生》《谢谢你,我的对手》等文章都给人以耳目一新之感,文章也难落入常理之窠臼。

【思考练习】

阅读下面的材料,确定立意后,分别拟写三个标题。

1. 一位小学老师要学生在方格本上写一个"a"字,要求把这个字写满。结果有一个孩子写了一个大大的"a"字。这个字母几乎占满了全篇。老师很生气,严厉地批评了他偷懒,胡闹。

2. 半个多世纪前,我国著名教育家陶行知先生非常推崇并常用来教育学生的一句名言是:"假使你有两块面包,你得用一块去换一朵水仙花。"这句话是伊斯兰教的创始人穆罕默德说的。

你心中有自己的"水仙花"吗?当你的心底泛起一片水仙花的葱绿与鹅黄时,你会有一种特别愉快、特别舒畅的感觉吗?

3. 人们总佩服"千里马"一日千里,勇往直前的气概;人们也崇尚"老黄牛"生命不息,犁耕不止的精神。然而,有的人总感到不如意,总想让"千里马"与"老黄牛"搞优势互补,从而派生出"千里马"式的"老黄牛"或"老黄牛"式的"千里马"。

第三节　首　尾　精　美

古人在谈到文章开头与结尾时常用"凤头豹尾"来比喻,即文章的开头要像凤头那样美丽、精彩,引人入胜;结尾要像豹尾一样强劲有力地收束全文。一个精彩的开头,一个深刻的结尾,都会使文章光彩夺目,令读者难以忘怀。下面介绍几种常见的开头结尾的方法。

一、开头方法

(一) 开门见山

所谓开门见山,就是直截了当地切入要旨,摆明观点,揭示中心,这是考场议论文采用率最高的一种方法。采用开门见山式开头应注意,写作前要经过认真思考,提炼出能够引领全文的开头;这种开头语言要非常精练,简洁明了,能使阅卷老师一眼便能知晓文章的中心论点和主要内容。

吴晗《谈骨气》

例如,吴晗的《谈骨气》一文就运用了典型的开门见山法。作者用一句话"我们中国人是有骨气的"单刀直入,十分清楚地表明文章的中心论点,既简洁明了,又不失力度。接下来,作者从理论上阐明"骨气"的含义,继而引用三个例子来论述"中国人是有骨气的",最后进一步说明在今天发扬这一传统的现实意义。文章紧紧围绕中心,层层深入,使论述有理有据。

(二) 排比造势

文章的开头运用排比能先声夺人,增加气势,使文章结构整齐匀称,富有节奏感和音韵美。在运用排比时要注意紧扣题旨,不能为排比而排比,为文采而文采,这样只注重形式而忽略内容的做法非但起不到为文章增色的目的,反而会给人造成文章内容空洞的印象。同时,运用排比时要注意分句间的逻辑层次,否则开头就会显得杂乱无章。

下面是 2013 年上半年教师资格考试(小学)的作文题:

> 我们的人生,就像大海里的航船,只要不停止航行,就会遭遇风险。没有风平浪静的海,没有不受伤的船。

以下是一篇例文的开头:

> 在狂风面前,大海有了波澜才更显壮丽;在暴风雨面前,树木接受洗礼才更显苍翠;在高崖面前,苍鹰选择翱翔才更显雄伟;在风险面前,人生经历挫折才更显璀璨。人生不停止"航行"必然遭遇风险,面临困境,接受挫折,常言道"困难是欺软怕硬的"。你愈畏惧它,它愈威吓你;你愈不将它放在眼里,它愈对你表示恭顺。所以,面对困难和挫折,我们选择勇敢面对才能铸就绚丽人生。

文章的开头连用三个排比句,阐明人要不断地前进就要接受无数的磨难,躲避、退缩都不是办法,只有迎难而上、勇敢面对才能成就美好的人生。

(三) 引用名句

引用名句开篇法就是在作文的开头直接引用名人名言,并且这些名言有概括文章中心论点的作用。如果考生能在平时多积累一些名人名言,写作时恰当地引用,就能达到意想不到的效果。

下面是 2015 年下半年教师资格考试的作文题:

> 我国著名教育家张伯苓十分注意对学生进行文明礼貌教育,并且身体力行,为人师表。一次,他发现有个学生手指被烟熏黄了,便严肃地劝告那个学生说:"烟对身体有害,要戒掉它。"没想到那个学生有点不服气,俏皮地说:"那您吸烟就对身体没有害处吗?"张伯苓对于学生的责难,歉意地笑了笑,立即唤工友将自己所有的吕宋烟全部取来,当众销毁,还折断了自己用了多年的心爱的烟袋杆,诚恳地说:"从此以后,我与诸同学共同戒烟。"果然,打那以后,他再也不吸烟了。

请看例文《躬身践行 以身立教》的开头:

> 孔子曾提出"躬自厚而薄责于人""以身立教,为人师表"。教师是学生行为的标杆。"其身正,不令而行;其身不正,虽令不从。"这几句话肯定了教师的重要性。作为班主任,身教的重要性显得尤为重要。班主任的思想、信念和道德,以及态度、仪表和行为等方面,在班级管理和教育教学过程中,对学生的成长产生潜移默化的积极影响,能达到无声胜有

《躬身践行 以身立教》

声的教育境界。

在这篇例文中,作者开篇便引用孔子的话来强调身教、师德的重要性。接下来,文章围绕着这个中心进行论述,层层深入,说理透彻。

（四）置疑设问

开篇通过设问提出话题或论点,或者设置疑团,制造悬念。这样开头既能引起下文,又能吸引读者的注意力,激发读者的阅读欲望,引发读者深思。如《追求》这篇文章的开头:

什么是追求? 追求就是人们对自己向往的目标做出的努力。什么样的追求才是有价值的追求? 我以为只有对社会、对人类有益的追求才是最有价值的追求。

在这里作者通过设问进入话题,总起下文,入题简洁、明快。这样的开头,让读者不得不继续看下去,以求究竟。

（五）对比转折

运用对比开头,一是罗列两种或几种不同的观点态度,通过比较,得出正确的观点;二是起笔从事物反面写起,再转向正面,形成强烈对比,从而使观点更鲜明突出。如《成长不怕摔跤》的开头:

襁褓真好,软绵绵,温融融,睡在襁褓里永不走路,所以也永远不会摔跤。可是,我要说,摔跤并不可怕,可怕的是因为担心摔跤而永不走路,因而永远不会走路。

文章开头先从反面起笔,再转入正题,由反而正,是非分明,既使行文曲折有变化,又给人思考和回味的空间。

二、结尾方法

（一）首尾呼应

首尾呼应是指文章前后说明一个意思,这种结尾的方法能够使文章结构更加紧密,内容更加完整,内涵更加深刻。议论文的首尾呼应主要有两种:一是呼应题目,这样能更加凸显话题,强化文章的主题;二是呼应开头,这样能显得文章结构完整,给读者留下整体性的印象。

 例文

我 爱 这 时 代

我也偶尔会在文章里,畅想未来斑斓的图景;我也偶尔会在白日梦中,痴想如果我

回到古代会有怎样的奇遇。但是,如果时光穿梭真的能够实现,如果有人邀请我迁居到另一个时代,我一定会坚定地告诉他:我不愿意。

因为我爱这个时代。

我爱这个时代,因为我的根在这里。我已经习惯了这里的电视、电脑、洗衣机,习惯了和好友在电话上的闲聊或讨论,习惯了家门口的菜市场,习惯了人满为患的公交车。更多的,已经融入血液,成为深深的依恋。我无法想象,我该怎样与古人谈论维生素或是微积分,也不知如何才能使他们接受自由乃天赋人权。我也无法想象,未来的世界究竟会怎样发达,又会怎样问题重重? 我接受了这时代的滋养与教诲,注定了我对这时代无尽的依恋。

我爱这个时代,因为这时代充满美与机遇。虽然,这时代里有着像药家鑫事件、小悦悦遭遇冷漠路人、动车事故、食品安全屡出问题等危机,但这时代里也有"最美妈妈""最美大妈""最美老外"等真善美的典型。青少年越来越多地投身社会公益,从争当志愿者到支教助学到为环保奔走呼吁,他们的身上彰显了品格精神之美,也让人看到,我们的舞台正在变得越来越大,我们有了越来越多的追求梦想的自由。当我看到"菜花甜妈"站在舞台上羞涩而自信地唱出《送你葱》,当我看到18岁少年已经在华为基因中从事喜欢的研究,我知道,这个时代如此美好,这个时代梦想更近,人生更加丰富多彩,机遇无穷!

我爱这个时代,因为建设它的责任已来到我们的肩上。我们从降生之时起,就承载了家庭的期望、祖国的期望。我们也无数次构想过自己的事业,遥望过自己的理想。只有我们能继承父辈的事业,只有我们能为后辈的幸福奠定基石。这份光荣的使命让我们怎能不心潮澎湃,心怀自豪! 这个时代,既是我责任所在,也是我心之所在。

我为这个时代而激动自豪,我为这时代而梦寐思忖。纵然还有千千万万个别的时代,它们自有热爱它们的赤子。我爱这个时代,我的根、我的梦、我的责任所在!

文章的题目为"我爱这时代",从"根""美与机遇""责任"三方面分别进行论述,结尾再以"我爱这个时代"进行总结,整篇文章浑然一体,是一篇优秀的考场作文。

(二) 深化中心

深化中心法是在文章结束时,以全文的内容为依托,运用简洁的语言,把主题思想明确地表达出来,把文章推向高潮,使主旨得以升华。

例如《学会欣赏自己的学生》的结尾:

在社会生活中,每一个人都渴望得到别人的欣赏,同样,每一个人也应该学会去欣赏别人。欣赏与被欣赏是一种互动的力源,欣赏者必具有愉悦之心,仁爱之怀,成人之美之善念。因此,学会欣赏,应该是一种做人的美德,肯定了别人也是肯定了自己,诚如爱默生所言:"人生最美丽的补偿之一,就是人们真诚地帮助了别人之后,同时也帮助了自己。"

文章在结尾总结全文，卒章显志，寥寥数笔，准确点题，升华了文章的主旨。

【思考练习】

阅读下面的材料，确定立意后拟写开头和结尾。

有人认为，世界上最痛苦的人有两种：一种是走在最前面的人，一种是走在最后面的人。你同意这种观点吗？

第四节　结　构　清　晰

一、总分式结构

总分式结构指的是文章的各个部分之间是总说与分说的关系，它也是议论文中运用最多的一种结构方式。总分式结构一般包括如下三个方面。

1. 先总后分式结构

这类文章是在提出中心论点之后，用若干分论点进行阐述说明，举出论据来充分证明论点，有时可以在各个分论点之后进行小结，但一般在文章结尾处不再点明中心论点。如荀子的《劝学》，作者在开篇提出中心论点"学不可以已"，接着用若干个比喻论证从学习的效果、学习的作用、学习的方法和态度等几个方面来证明，文章最后没有总结照应，也没有针对论点谈出一些希望等。

2. 先分后总式结构

这种论证方式是先不提出中心论点，而是从若干分论点进行逐步论证，最后进行归纳总结，总结出中心论点，得出结论。

3. 总—分—总结构

这类结构的文章在平时写作中所占比重较大，它一般是先提出中心论点，然后将中心论点分成几个分论点进行论述，最后在结论部分加以归纳总结和必要的延伸。如苏洵的《六国论》，作者先在开篇提出"六国破灭，非兵不利，战不善，弊在赂秦"的中心论点，接着从"赂秦而力亏，破灭之道也"和"不赂者以赂者丧"两个分论点进行论述，最后得出"六国破灭者为秦人积威之所劫"的结论，并指出"苟以天下之大，而从六国破亡之故事，是又在六国下矣"，向当朝统治者建议应吸取六国灭亡的教训，以免重蹈覆辙。再如下面这篇文章：

春 华 秋 实

阳春三月，万物复苏，百花争相开放，点缀着这美好的人间。春，因有了花的陪衬，更显华美。金秋九月,落叶飘零,秋风吹熟的果实悬挂枝头。秋,因有了果的降临,更显充实。

每个季节有每个季节的风景,不同的人生阶段有不同的人生感悟。

春华,希望的开始,人却略显稚嫩浮夸,都在渴望人生向着美好的春天,可以处处繁花似锦,人人称美。然而,渴望终究是渴望,残酷的现实对年少无知的梦想进行了最冷酷的摧残。春天逝去,再鲜再艳的花也终会凋谢,唯有生命,生生不息。我们不能否认鲜花与荆棘相伴,也不能否认阳光与风雨同在,更不能否认成功与失败并存,人生不如意之事常一二,明媚之日常八九。对比那些比我们更不幸的人,我们是如此幸运,因此倒不如驱走失意的阴霾,一笑而过,轻松上路。人生得失并不重要,只要生命仍在,希望越能长存。经历挫折,经历苦难,经历人生得失无常,蓦然回首,猛然发现曾经有棱有角的我们在尝试完人生百态后,已成了如此光滑之鹅卵石,我们懂得了隐忍,懂得了"退一步海阔天空",懂得了在春季不与群芳争艳,做山谷里的野百合独自开放,虽然孤独,却有与世无争的清闲。

秋实,积淀的成功,面对偶然却也必然的收获,我们常常受宠若惊。生命总是存在奇迹,当我们接受了希望的破灭,经历了成人的洗礼,以为余生就是机械重复前半生的生活时,上天却让我们领悟到生活的真谛:秋天,肃杀寂寞,却也硕果累累。人生的秋季是感悟的季节。当四处流浪的浪子回头,停驻在他出生的原点,他看到年迈的双亲翘首以盼的身影,"嗯,回来就好,人在希望在。"老人简单的话语就是一生的感悟。生活中,人们所说的、所写的都是给别人看的,唯有自己所体验的才是人生箴言。

春华,秋实,其实每个季节都很美丽,你可以说春天华而不实,你可以说秋天实而不华,但不可否认,华也好,实也罢,它们是不同的季节,自有不同的风景,各有千秋,各有各的美,各有各存在的意义。人生就是一年四季,就是春华秋实,夏花冬雪,只要感悟生命,珍惜眼前,所谓的幸福其实就在身边。

本文中,作者首先点明"春"与"秋"对于美好人间的点缀,接下来分别叙述"春华""秋实"带给人的不同体悟,最后再次点明中心,升华"感悟生命,珍惜眼前"这一主题。

二、并列式结构

在论述过程中,为了论述的方便,将文章的中心论点分解成几个平行的、并列的分论点,或是把论据并列起来,论证的几个层次或段落之间的关系是平行的,这就是并列式结构。它能够多角度、多方位地阐述中心论点,使文章条理清晰,论述充分。例如,巴普洛夫的《给青年的一封信》一文,作者从"首先,要循序渐进""第二,要虚心""第三,要有热情"三个方面进行论述,这三个方面是平行的、并列的分论点,这样的行文格式,便于读者清楚地了解文章的结构内涵。再如《尊重学生成长规律》,文章的主体以三个并列式的段落构成:"尊重学生成

长的规律，杜绝拔苗助长""尊重学生成长的规律，不可千篇一律""尊重学生成长的规律，重视长远发展"，每一个段落的第一句话为本段的中心句，起到引领全段的作用。这样的结构层次清晰，使人一目了然，在考场作文中极容易受到阅卷人的青睐。

三、层进式结构

层进式结构是指文章的各个部分之间环环相扣，逐层深入，从现象到本质，从具体到抽象，从原因到结果，从一般到特殊，从部分到整体……它能够使文章层次清楚，逻辑严密，论点鲜明，论述深刻。如柯灵的《乡土情结》一文，文章开篇提出什么是乡土情结，然后写乡土情结的形成与发展，在这一部分中，作者先从一般的少年离家情况写起，再把乡土情结提高到民族凝聚力的高度来认识，进而说明乡土情结不因时间的流逝而褪色，这又递进了一层，深化了乡土情结的内涵，最后总结全文，点明主旨。

四、对照式结构

对照式结构是指文章先提出中心论点，然后从正反两方面提出分论点或从正反两方面摆出论据并加以分析论证，从而达到否定错误观点，树立正确论点之目的的论证模式。如臧克家的《纳谏与止谤》，文章通篇采用对照式结构来展开论述，文章前四段主要评述齐威王勇于纳谏的大智与风度，第五段用"事因难能，所以可贵"作为过渡，用周厉王止谤的行径和结果与前四段对照。接着第八段又用"追古思今"作为过渡，再以现今有些领导同志对待批评的态度与前七段对照，形成了一个双重式的对照结构。通过这些对照，使作者赞扬齐威王勇于纳谏的大智与风度，抨击周厉王止谤的观点更加鲜明，也使作者所提出的当今各级领导同志应"悬赏纳谏"的建议更显得入情入理，使读者读后不由得同作者发出一样的感慨：要勇于纳谏，止谤不会有好结果。

五、破立式结构

破立式结构通过反驳错误的观点来树立正确的论点。古人说："不破不立，不塞不流。"破立得当会使得文章观点鲜明，论述得当。

鲁迅先生的《拿来主义》可以说是破立式结构的典范之作。文章先揭露批判"送去主义"的实质及其严重后果，此为"破"；接着表明"拿来主义"的基本观点——"运用脑髓，放出眼光，自己来拿"，此为"立"；最后总结全文，指出实行"拿来主义"者应有的胆识和品质，以及"拿来主义"对于创造民族新文化的重要意义。作者破"送去主义"是为了立"拿来主义"，"破"是为了"立"，只有"破"得彻底，才能"立"得牢固。

【思考练习】

1. 请以"教育从心开始"为题,写一篇议论文的提纲。

2. 阅读下面的材料,根据要求写作文。

阿凡提乘坐的船在海上遇到了台风,船长和水手们都尽力挽救这条船,可阿凡提却无动于衷,静静地站在一边。

船长严厉地向他吼道:"阿凡提,你怎么无动于衷呀?快帮忙保住我们这条船呀!"阿凡提还是一动不动,说道:"我只是一名乘客,关于这条船的安全是你们的责任!"

根据上述材料给你的启示,从教育角度立意,写一篇文章。

要求:观点明确,分析具体,条理清晰,语言流畅,不少于800字。

第五节　方法多样

喻证法

喻证法是采用形象的比喻来证明论点的方法。它能够将抽象、深奥的道理变得形象、具体、生动、易懂。在这类文章中,本体和喻体虽然是两种不同的事物,但它们之间必定有一个共同的一般性的原理。运用比喻论证应注意以下三个问题:

一是用来作为喻体的事物,应该是大家所熟悉的、具体的、浅显的,这样易于读者接受、理解;二是不求形似,力求神似,比喻论证要抓住本体与喻体之间的相似点,充分揭示所要说明的道理,比喻论证的喻体是为了阐述观点,说明道理的,因此运用时要对所论证的对象和用来设喻的事物之间的对应关系作出深入的揣摩;三是用故事作比喻时一定要注意言简意赅,用故事设喻主要目的是增强文章的生动性和可读性,但议论文不同于记叙文,设喻时语言一定要简练。

例如,鲁迅《拿来主义》一文便巧妙地运用了比喻论证的方法,作者用"大宅子"比喻文化遗产,用"徘徊不敢走进门"的"孱头"比喻懦弱无能、害怕继承、拒绝借鉴的逃避主义者;用"勃然大怒,放一把火烧光,算是保存自己的清白"的"昏蛋"比喻割断历史、盲目排斥的虚无主义者;用"羡慕旧宅子""接受一切""欣欣然地蹩进卧室,大吸剩下的鸦片"的"废物"比喻崇洋媚外、主张"全盘西化"的投降主义者。后又用"鱼翅"比喻文化遗产中的精华;用"鸦片"比喻文化遗产中有益又有害的成分;用"烟枪和烟灯""姨太太"比喻文化遗产中的糟粕。这些比喻新颖别致、形象生动,它使得文章论述深刻、透彻,将抽象、深奥的道理浅显化、具体化,也增强了文章的感染力。

鲁迅《拿来主义》

二、例证法

例证法就是运用典型事例来进行论证，从而证明论点的一种方法。运用具体的事例，可以使文章真实可信，增加文章的说服力、趣味性和通俗性。如富兰克林的《哨子》一文，作者选取了社会生活中"猎取恩宠荣禄""醉心于名望""积累财产""寻欢作乐""爱慕虚荣""贪求富贵"六种哨子现象，从而论证了很多人"所遭受的人类很大一部分悲苦都是由于他们对事物的价值作出错误的估价而造成的，都是为他们的哨子付出了太高的代价"。文章列举的事例确凿、充分、有代表性，这些都大大增强了文章论述的力量和说服力。

富兰克林《哨子》

三、比较法

比较法也称对比论证或正反对比论证，它是把两种事物加以比较，推导出两者的不同点，从而推出结论的一种论证方法，它能够深入揭示事物的本质，从而使阐述更加深刻，论述更加有说服力。

对比论证的应用范围很广，古与今、中与外、强与弱、大与小、高与低、好与坏……均可以进行比较，在比较分析中发现两者的差异，再进行深入的剖析，从而阐明论点。运用对比论证一是要注意围绕中心论点选择比较材料，确定对比点；二是要注意论证必须有主有次，若文章从正面论述，主体部分则以正面论述为主，以反面论述为辅，反之亦然。下面是一篇采用正反对比论证的高考满分作文，值得我们借鉴。

幸福之花开在感恩枝头

落红不是无情物，化作春泥更护花。这是花儿的感恩。

乌鸟私情，愿乞终养。这是鸟儿的感恩。

士为知己者死，女为悦己者容。这是人类的感恩。

因为懂得感恩，他们拥有了一颗金子般的心，因为懂得感恩，他们创下了人世间温馨的传奇。因为懂得感恩，这世界才会如此美丽。幸福之花，在感恩的枝头美丽绽放。

"忠则《出师表》孝则《陈情表》"，这两表道尽了人间感恩的真谛，演绎了人世间感恩的传奇。为报刘备三顾茅庐之恩，诸葛亮七出祁山，巧计破敌军，为刘备打天下立下了汗马功劳。"出师未捷身先死，长使英雄泪满襟。"这是后人为他写下的诗篇，为报当年的知遇之恩，他用毕身的精力向后人诠释了感恩的真谛。自幼失去父母是李密的不幸，但祖母却用自己的温暖让这个可怜的孩子长大成人，且名扬四方，为官作宰是多少读书人毕生的梦想，十年寒窗不正为一朝为官？然而当这个机会真正来临，李密却不曾忘记自己的祖母。他放弃了这个机会。因为他知道"祖母无臣无以终余年"。在为官和报恩之间他选择了后者,向世人彰显了一首伟大的诗篇——感恩。

他们的感恩温暖了自己,感动了后人。那一刻,幸福之花,在他们的感恩的枝头灼灼其华。

感恩之心,是我们维系这个世界的根本,拥有感恩的心,才能称之为有灵性的人,然而一旦失去后果不堪设想。

云南大学曾震惊一时的血案是多少人挥之不去的阴影。马加爵一时的冲动让四个年轻的生命就此终结,我不想说他的残忍。我只想说,他真的不懂感恩。云南大学用知识培养他,而他却使之蒙羞;他的父母用心血把他养大,他却让他们体会白发人送黑发人的苦楚;他与同学的同学情他不懂得珍惜。如果他有一颗感恩的心,也许这一切就不会发生。当感恩的心不在,那一刻,他的幸福之花开在哪里?

数十年为战友守墓,矢志不渝,是陈健对战友的感恩;荆轲赌命,是为报太子知遇之恩的感恩;袁隆平数十年专注研究杂交水稻,是对祖国的感恩。

怀抱一颗感恩的心,让我们将爱传递。将别人无私的帮助,深深铭记,并将之传递,这世界因感恩而美丽。

人世间没有不绝的风暴,感恩却有其不老的风情。幸福之花,开在感恩枝头,灼灼其华。

文章以阐述感恩与幸福之间的关系为内容,运用正反对比的方法,将诸葛亮、李密与马加爵进行比较,从而无可争辩地论证了"因为懂得感恩,这世界才会如此美丽"这一主旨。

四、因果法

因果法是根据事物之间普遍的和必然的因果联系的规律性,通过分析来揭示其原因,从而论证结果的正确性。因果论证有三种途径:一是以果证因;二是以因证果;三是因果互证。如下面这篇文章:

自 知 者 明

《老子》中说:"知人者智,自知者明。"我以为这是颇含辩证法的命题。人对于客观世界的观察和认识,往往出现这样一种奇怪的现象:对自身以外的事物,你可以"明足以察秋毫之末",也可以"明万里之外",然而,对于你自己本身,却可能"不识庐山真面目"。故自知者堪称明哲也。

为什么"自知"比"知人""知世"更难呢? 看来不外乎三方面的原因。

一是认识论方面的原因。人对于外界事物的认识,可以通过直接的观察、调查、实验等手段获得;而对于自身的认识,须待自己的思想、言论和行为作用于外部世界以后,才有信息反馈回来,多此一道曲折,就难免"旁观者清,当事者迷"了。

二是社会方面的原因。人在一定的社会关系中生活,人在社会上的地位、身份、名

望各有不同,也容易对自身真实价值的认识造成偏见和错觉。《资治通鉴》载：隋炀帝杨广自负才高,曾对侍臣吹牛说："设令朕与士大夫商选,亦当为天子矣。"其妄自尊大是不待言的。还有一种是真有才学的人,一旦有所成就,成为社会名人,就有人捧场而忘乎所以。鲁迅先生曾经指出："往往社会上崇敬名人,也就常有名人被崇敬所诱惑。如果自己不保持警惕,是会捧晕的。"

三是感情方面的原因。对于自己,对于自己的劳动成果,无论物质产品还是精神产品,有点"孤芳自赏",大概也是人之常情。

有此三端,便可知自知之不易。然人不能自知,其害大矣。《吕氏春秋·自知》之篇,其中有一段写道："存亡安危,勿求于外,务在自知……荆成、齐庄不自知而杀,吴王、伯智不自知而亡,宋、中山不自知而灭,晋惠公、赵括不自知而虏,钻荼、庞涓、太子申不自知而死,败莫大于不自知。"自知与否,简直关系到邦国存亡,身家安危,岂能不察!

人若自知,则需"常思己过"并"闻过则喜"。唐太宗"三镜自照"的美谈和虚心纳谏的精神,应该对我们有所启发。愿人人都有自知之明。

【思考练习】

指出下列语段所使用的论证方法。

1. 陶渊明不为五斗米折腰,李白不摧眉折腰事权贵,顾炎武不做清朝的高官……古今有志气、有骨气的人,都不以高官厚禄为荣,居下有节,自强不息。他们的高尚品质永远为后世传诵。相反,那些曾荣耀一时、富贵一生的人,现在却早已被时间的长河冲刷得无影无踪了。

2. 我特别平凡,又平凡得特别。我是无数颗星中的一颗,可我为自己今天的光芒而自豪；我是大地上的一株花蕾,虽然并不芳香耀眼,可我为将要到来的开放而自豪。我平凡,却平凡得有价值；我平凡,却平凡得有尊严!

3. 如今有些人,总是特别害怕别人说自己不深刻,因此总是千方百计伪装自己、表演自己。固然,人生是个大舞台,我们都是表演者,但是,一位真正优秀的演员,不是仅仅依靠外表的华丽取悦观众,而是凭借内心世界的真诚、丰富来赢得更多的掌声。正如我国著名翻译家傅雷先生所说："一个人只要真诚,总能打动人。"

第六节 语 言 传 神

一个人的语言表达能力体现其文化素养,同理,一篇文章语言的精美能让读者回味无穷、拍案叫绝。考场作文语言显得更为重要,语言表达得好坏,直接决定了作文得分的高低。

一、语言的要求

教师资格考试的作文属应试作文,是有一定的评分标准的,具体来说,议论文的语言应做到以下三点。

1. 观点鲜明

议论文的观点必须鲜明,特别是对论点的表述,决不能模棱两可,含糊不清;另外,在行文过程中,作者的态度和表达出的感情色彩要贯穿全文,让读者在阅读中能准确清楚地体会出作者的倾向性。

2. 准确、严谨

议论文是以议论为主的文章,它不同于记叙文等文体,写作时主要运用逻辑思维,因此,它的语言首先就是要准确、严谨。

议论文主要是讲清道理,就难免涉及准确的概念,清晰的判断,严密的推理。在遣词造句方面一定要实事求是、恰如其分,既要不夸大其词,也不要缩小论证范围。

3. 简洁、概括

记叙文的语言生动、活泼,有很强的形象性,而议论文由于文体的限定,语言上就力求简洁,特别在事例论据的使用上要简明扼要,切不可像记叙文那样详细叙述。

概括是抓住事物的特征,反映事物的普遍本质和规律,做到文简而旨丰,词约而理周。这就要求议论文写作时要言简意赅,在简练的叙述后要对论据进行归纳、总结,概括出抽象的道理来,这样写出的议论文才能含义深刻,意义深远。

二、语言的运用技巧

虽然议论文主要靠逻辑力量的气势,严谨的思维,但生动的语言也有助于论证力量的加强,枯燥的说辞往往无法吸引读者,优秀的议论文语言,要寓推理论证于具体形象之中,使抽象的道理具体化、生动化,这样才具有强烈的感染力和说服力。下面介绍三种应试作文常用的语言写作技巧。

1. 善用修辞

修辞就像语言大花园中的艳朵奇花,如果能在议论文中恰当地插上几枝,就会给文章增添不少光彩:运用比喻可以使文章生动鲜活,运用排比可以让论述气势恢宏,运用拟人可以使形象更加鲜明,运用设问可以发人深思……

(1)比喻能够将抽象、深奥的道理变得形象、具体、生动、易懂。例如,荀子在《劝学》篇中为论述持之以恒、用心专一的道理,连用了十个比喻来阐述观点,而且比喻的形式也是多种多样的,如"骐骥一跃,不能十步"和"驽马十驾,功在不舍";"锲而舍之,朽木不折"和"锲而

不舍，金石可镂"等，阐明持之以恒和半途而废所产生的效果是截然相反的。这些通俗明了的比喻的运用，启发了读者的思考，也使读者更易接受作者的观点。

（2）排比使文章气势恢宏。例如《抉择》中的一段排比：

> 如果我是米洛斯的维纳斯，我决不舍弃"美貌"；如果我是古希腊的柏拉图，我决不舍弃"才学"；如果我是威尼斯的夏洛克，我决不舍弃"金钱"……如果我只是我自己，那么我决不会放弃"诚信"。

在这里作者先假设自己是维纳斯、柏拉图和夏洛克，而决不会舍弃"美貌""才学"和"金钱"，让读者推理，明白其意图："我"不是上述三人，而是"我自己"；既是"我自己"就决不会放弃"诚信"。这一系列的排比将作者的意图清晰地表达了出来。

2. 恰当引用

引用使文章神采飞扬。在文章合适位置恰当地引用名句可以彰显文学韵味，体现作者深厚的文学底蕴。

（1）在题目中引用。标题恰当使用名言警句，可以让读者眼前一亮，能快速吸引读者的眼球。

（2）在文章开头引用。"好的开头是成功的一半"，在文章开头引用名句，能让读者立刻感知到作者深厚的文学底蕴，从而引起强烈的阅读兴趣。

（3）在过渡段中引用。在一篇文章中，过渡段往往起到承上启下的作用，而恰当地引用名句可以使议论文的理论依据更加充分，使下文的论述更加有说服力。

（4）在文中举例时引用。可在叙事前先引入相关人物的名句，用名句引出人物的故事，让理论论据与事实论据共同使用，能够大大增加文章的说服力。也可以在叙事前和叙述中同时引用名句，这样能够充分彰显作者深厚的文学功底，增强文章的文学底蕴。

（5）在结尾中引用。在文章的结尾处巧妙地引用名句，从形式上可以使结尾更加简洁有力，从内容上可以使文章意蕴更丰富，耐人寻味。

3. 句式灵活

作者在写作文章时，根据抒发感情和表达内容上的不同，选用灵活多变的句式，在各种句式的交错运用中，使文章错落有致、文采飞扬。

（1）长句与短句的交错运用。长句与短句是相对而言的，字数多、结构复杂的句子为长句，相反则为短句。长句词汇连贯、语句严密，表意上给人以一气呵成之感；短句节奏性强，语言有力，让人感觉干净利落。长句与短句综合运用，可以使文章错落有致，言尽其妙。例如，刘再复的经典散文《读沧海》，通篇采用长句与短句交错运用的方式，产生一种生动的韵律和灵动的节奏之美。

（2）整句与散句的变换运用。整句由结构相同或相似、字数相近的句子组成，它形式整齐、音韵和谐，读之朗朗上口。而散句在表达上比较灵活、自由，整散句的综合运用使文章于

整齐中见错落,于雅致中见活泼。例如,《记念刘和珍君》中的一段话:

> 惨象,已使我目不忍视了;流言,尤使我耳不忍闻。我还有什么话可说呢?我懂得衰亡民族之所以默无声息的缘由了。沉默呵,沉默呵!不在沉默中爆发,就在沉默中灭亡。

这段话整散结合,节奏鲜明,音韵和谐,十分强烈地将作者的那种"悲愤"之情宣泄出来。

(3)陈述、疑问、祈使、感叹句的灵活运用。陈述句可以使文章记叙、议论详细具体,但文章中一味运用陈述句式却使语言缺乏气势,难以起到震撼人心的效果。因此,综合运用陈述、疑问、祈使、感叹等句式,可以使散文的感情抒发到位,使议论文说理更加透彻,使记叙文叙述更能抓住读者的眼球,使说明文更有说服力。

【思考练习】

阅读下面的材料,根据要求作文。

有个教授做过一个实验,12年前,他要求学生进入一个宽敞的大礼堂,并自由找座位坐下。反复几次后,教授发现有的学生总爱坐在前排,有的则盲目随意,四处都坐,还有一些人似乎特别钟情于后面的座位。教授分别记下他们的名字。10年后,教授的追踪调查结果显示:爱坐前排的学生中,成功的比例高出其他两类学生很多。

要求:全面理解材料,自主确定立意,自拟题目,斟酌语言写作一篇议论文,不少于800字。

第七节 素材丰富

杜甫说:"读书破万卷,下笔如有神。"写作就是这样,如果平时脑子空空如也,在考场上就将"下笔如有神"变成"六神无主"了。在议论文中更是这样,素材往往充当论据,恰到好处地运用素材能够使论述更加生动,同时也大大降低了作者临考时遣词造句的压力。下面介绍三种常见的素材使用方法。

一、画龙点睛法

议论文中所用的事例素材是论据,作者可以运用夹叙夹议的方法,那么素材的表述就是

"画龙"，而对素材的点评便是"点睛"之笔了，这也就是所说的"画龙点睛法"。这种方法的重点在"议"而不在"叙"，议在叙之后，议论要言简意赅、一针见血，要有作者自己独到的见解。如下面这则语段：

> 那是1998年洪水泛滥的一天，肆意的洪水翻滚着、怒吼着，冲向无尽的田野。就在发疯般的洪水中，一位女子紧抱着一棵摇摇欲坠的小树，她就快要被洪水带走了。就在这时，一位身穿军装，有着灿烂笑容的小伙子游过来了，他是那么年轻，年轻得让人为正当青春的生命喝彩。他是那样洋溢朝气，朝气得让人不禁想到正值中午的太阳。他微笑着递过救生衣，铿锵有力地说："穿上吧！""可是你呢，你也需要它！"女子含泪喊道。"我是游泳冠军，我不怕水！"说完，他松开手，裹进了洪水中，却从此再也没有起来……
>
> 面对生与死的抉择，面对自己与他人的取舍，他从容地做出了心灵的选择。从此，他的笑容，他的声音，他的生命永远地融入了滚滚的洪水中，再也无法重复。殊不知他的笑容永映水中，他的声音永响世人的耳边，他的生命永续在人们的心中……

这段中的"叙"，是常见的一般性叙述，带有很强的叙事性，它叙述了一位年轻的解放军战士在洪水中舍己救人的感人故事，作者在叙述之后生发出较为深刻的议论。

二、排列组合法

排列组合法就是按照时间的先后顺序或不同空间关系等，将同类素材进行时空排列组合，共同来说明文章的主旨，并增强文章说理的气势。选用这种方法需注意，要找到不同时间、不同地点、不同人物、不同个性等素材之间的相同点，深入挖掘其内涵，并巧妙地将其组合在一起，来诠释主旨。

《希望，与我同行》

例如，在《希望，与我同行》这篇国考例文中，作者从五岁、九岁以及现在的我来分别诠释"希望与我同行"这一主题，作者按照时间顺序组织素材，使文章结构清晰明了，主旨表达准确。

三、一材多用法

所谓一材多用法就是通过变通，将同一则材料运用于不同主题的作文之中的方法，这种方法能有效利用考生在备考过程中掌握素材不足的情况。同一则材料从不同的角度进行分析就会得出不同的结论，这样不仅能使枯燥的素材变得丰富多彩，而且也缓解了考试时因压力而想不出合适素材的紧迫局面。运用这种方法需要注意的是作者必须具备发散思维的能力，能从同一素材中发现蕴藏着的多种意义，同时也要迅速找到素材与文章主旨之间的内在联系，找准契合点，深入论述。下面这则素材便可以运用这种方法加以分析：

邵逸夫少年时代涉足影坛,青年时代在南洋打拼。50 岁时他在香港创业,兴建有"东方好莱坞"之称的"邵氏影城"。从此,他雄霸香港影坛,成为举世闻名的"电影大王"。他开创了中国电影从无声到有声的时代。晚年,他淡出影坛后又成为香港电视业的巨头。他的影视王国造就了无数的影视巨星、金牌导演和编剧。他以经营影视业而成为超级富豪,并以乐善好施、兴学助教为人生快事,历年捐助社会公益、慈善事业超过100 亿港元。1990 年,中国政府将中国发现的 2899 号行星命名为"邵逸夫星"。1991年,美国旧金山市将每年的 9 月 8 日定为"邵逸夫日"。2002 年,创立有"东方诺贝尔"之称的"邵逸夫奖",每年选出世界上在数学、生命科学与医学及天文学方面卓有成就的科学家进行奖励。2011 年正式退休,他也是全球最长寿、任期时间最长的上市公司 CEO。2014 年 1 月 7 日,邵逸夫去世,享年 107 岁。他的百年人生是一部传奇,比戏更精彩。

这则素材可以运用发散思维的方法来进行分析,提炼出"独立""感恩""青春""抓住机遇"等主题,也适用于这些主题下的作文写作。

【思考练习】

阅读下面的材料,根据要求写一篇议论文。

"爱荷的人不但爱它花的娇美,叶的清香,枝的挺秀,也爱它夏天的喧哗,爱它秋季的寥落,甚至喂养它的那池污泥……"

"花凋了呢?"

"爱它的翠叶田田。"

"叶残了呢?"

"听打在上面的雨声呀!"

要求:用规范的现代汉语写作,确定立意,自拟题目。不少于 800 字。

中小学和幼儿园教师资格考试概述

中小学和幼儿园教师资格考试是由国家建立考试标准,省级教育行政部门统一组织的,实行"国标、省考"的标准参照性考试。考试分为幼儿园、小学、中学三个学段,包括笔试和面试两部分。小学教师资格考试笔试科目一是综合素质,科目二是教育教学知识与能力,面试考查教育教学实践能力。综合素质考试内容包括职业理念、教育法律法规、教师职业道德、文化素养和写作能力,近年来考试题型稳定,包括单项选择题 29 题每题 2 分共计 58 分,材料分析题 3 题每题 14 分共计 42 分,写作题 1 题 50 分,考试时间为 120 分钟,满分 150 分。教育教学知识与能力考试内容包括教育基础、学生指导、班级管理、学科知识、教学设计实施、教学评价反思等,题型包括单项选择题 20 题每题 2 分共计 40 分,简答题 3 题每题 10 分共计 30 分,材料分析题 2 题每题 20 分共计 40 分,教学设计题 1 题 40 分,考试时间 120 分钟,满分 150 分。由此可见,教师资格考试范围之广、难度之大,笔试要求考生具备阅读分析、信息处理、书面表达等综合能力,因此提高写作水平至关重要。

下面就写作试题分析一下其考试特点以及作文评分的标准。

一、考纲要求

教师资格考试对应考学生就写作能力上提出四点要求:一是能根据需求按照选定的文体进行写作;二是能根据材料要求组织文章并突出中心;三是具有布局谋篇、安排文章结构的能力;四是语言表达准确、鲜明、生动、得体,并运用多种修辞手法以增强表达效果。

二、命题特点

教师资格考试作文题目较少涉及命题作文,多以话题和材料作文为主要考查形式,材料大多涉及新闻实事、哲理故事、生活思考等方面。议论文是应试作文中常见的一种文体,写议论文一定要观点鲜明,分析具体,条理清楚,结构完整。

三、评分标准

写作题为固定分值50分,占总分值的1/3,是综合能力测试中分值最高的题目,因此作文的分数对教师资格考试综合素质的总分数起着至关重要的作用。

(一) 作文评分标准

1. 扣分项评定

出现错别字,1个错别字扣1分,重复不计,扣完5分为止;标点符号出现3处以上错误的酌情扣分;不足字数者,每少50字扣1分;无标题扣2分。

2. 残篇评定

(1) 400字以上的文章,按评分标准评分,扣字数分。(少50个字扣1分。)

(2) 400字以下的文章,20分以下评分,不再扣字数分。

(3) 200字以下的文章,10分以下评分,不再扣字数分。

(4) 只写一两句话的,给1分或2分,不评0分。

(5) 只写标题的,给1分或2分,不评0分。

(6) 完全空白的,评0分。

3. 加分项评定

(1) 个别语句有深意,个别例子较好,个别语句较精彩,个别地方较新颖,参照高考评分标准,此类情况加1—5分。

(2) 说理透彻,论点深刻,符合一类文立意标准的,酌情加分。

(3) 论据充实,意境深远,符合一类文立意标准的,酌情加分。

(4) 用词贴切,句式灵活,善于运用修辞手法,文句有表现力,符合一类文立意标准的,酌情加分。

(5) 见解新颖,材料新鲜,构思精巧,推理想象有独到之处,有个性色彩,符合一类文立意标准的,酌情加分。

(6) 文面整洁美观,酌情加1—2分。

(二) 基础等级(30分)

基础等级分内容和表达两项,基础等级的评分,以题意、内容、语言、文体为重点,全面衡量。

1. 内容项(15分)——题意、内容

其重点是题意、内容。对于内容要综合考虑,对于材料的把握虽然符合题意,但文章不好、中心基本明确、内容单薄、感情基本真实的,可以在三等上打分。

考生的考卷中所述论据的真实性要特别注意,如果是编造,或者有明显错误,或者不能佐证文章观点的,要适当扣分。

2. 表达项(15分)——语言、文体、结构、卷面

其重点是作文的结构、语言、文体、卷面等,但也要综合考量。

（1）根据表达项的细则，在"内容"评等的基础上，除了在相应的等级上评分外，还可以考虑在上一等或下一等打分。

（2）在"内容"等级判分的基础上，表达项原则上不跨等给分，如内容判定三等，表达不能在一等给分，只能在三等或二等或四等给分。

（三）发展等级（20分）

基础等级分数要与发展等级分数相匹配，发展等级分不能跨越基础等级的得分等级。

（1）发展等级分数原则上随内容或表达的等级给分，如内容二等，表达三等，发展等级一般可在二等给分。

（2）发展等级一般不在内容或表达的下一等给分，如内容一等，表达二等，发展等级一般在一等或二等给分。

（3）发展等级在内容给分的基础上，一般不跨等给分，如内容三等，发展等级不能在一等给分。

（4）内容在四等的，发展等级可以给1到2分；确为抄袭的，发展等级不给分。

【思考练习】

1. 你认为应该如何备考？请给自己设计一份备考方案。

2. 谈谈怎样提高积累素材、准确审题、运用语言这三点写作能力。

附录2　真题解析及答题技巧

一、审题

（一）局限性

文体限制:题目要求写一篇论说文,这确定了文体。

内容限制:"以上述材料所引发的思考和感悟",这个引导语要求考生结合材料有所感悟。同时材料不是单一的,要关注两则材料共同反映的问题。

（二）开放性

思考和感悟是自由的。考生要由材料发出思考和感悟,组织写作素材。

切入角度自由。虽然有材料的限制,但可以在材料反映的问题中加入自己的理解和思考。

二、解题

本材料由两部分组成。第一则材料来自陆游的《示子遹》,全诗的意思是:我年轻初学写诗的时候,只知道追求诗句工整,修辞华美,总在字句上下功夫。到中年写诗时,始所有

悟，才逐渐窥察到宏大深邃的诗意境界，也就能写出一些好诗来。从话语中得知，要理论联系实践，从教育命题来看就是要全面发展。传达出学诗不仅要专攻文词，还要关注生活。

第二则材料指出，真正的大家，不是专注于文字本身，而是需要从生活中汲取灵感。

三、参考立意

1. 文学来源于生活，要注重积累。
2. 学会观察，学会思考，全面发展。

四、职业角度立意

1. 教师在教学的过程中应注重学生的全面发展。
2. 教学应该理论联系实际，学会思考。

参考例文

知行合一，贵在行之

陆游的《示子遹》曾言：我初学诗日，但欲工藻绘；中年始少悟，渐若窥宏大……汝果欲学诗，工夫在诗外。这首古体诗告诉我们，作文学，作诗，不要成为文字的奴隶，局限在文学中，而要多爬上"井沿"看看外面的世界，要到外面去走一走，看一看，这就是我们所谓的知行合一，贵在行之。

知行合一是成为一名教师的基本要求。何谓教师？唐宋八大家之一的韩愈，曾在著名的《师说》中有以下论断：古之学者必有师。师者，所以传道授业解惑也。人非生而知之者，孰能无惑？惑而不从师，其为惑也，终不解矣。这告诉我们，古代求学的人一定有老师。老师，是传授道理、教授学业、解答疑难问题的。知行合一告诉我们拥有广博的学识是成为教师的根本，良好的品行才是自己传道的关键。要传正道，授正业，解身、心之惑，不断学习，注入活水；言行一致，为人师表。只有这样，才可以成为一名合格的教师。

贵在行之是教师爱岗敬业的外化体现。她没有子女，却是上百个孩子口中的"妈妈"；她身患绝症，却把自己所得的奖金都捐给了贫困山区的孩子们；她在基层教育岗位上辛勤耕耘数十年，用自己的心血和汗水托起了贫困山区孩子们的希望。她就是华坪女子高中的党支部书记、校长、儿童之家福利院的院长张桂梅。今年的感动中国，张桂梅老师的事迹感动了所有人。这是把对教师职业的忠诚付诸实践，这是把对教师职业的崇高愿望放在自己的生活中。所以，作为教师，贵在行之就是春蚕到死丝方尽，蜡炬成灰泪始干，是对教师职业教书育人的敬畏，对爱岗敬业最好的

体现。

知行合一，贵在行之是教师获取职业幸福的必备条件。教师职业是清贫且寂寞的职业，但又是遍地开花的职业。教师的人生价值，是在不断地学习——教学——反思中慢慢地获得，依靠自己恪守教书育人的初心，不间断吸纳知识，不断地付诸实践，才会获取自己的职业幸福。积土成山，风雨兴焉；积水成渊，蛟龙生焉；积善成德，而神明自得，圣心备焉。故不积跬步，无以至千里；不积小流，无以成江海。骐骥一跃，不能十步；驽马十驾，功在不舍。锲而舍之，朽木不折；锲而不舍，金石可镂。作为一名教师，教学无小事，处处是教育，只有把知行合一、贵在行之渗透到教学、育人、生活的各个层面，才能实现自己的人生价值。罗曼·罗兰曾经说："没有伟大的品格，就没有伟大的人，甚至也没有伟大的艺术家，伟大的行动者。"所以说，要想让自己变得伟大与强大，要想使自己在平凡的工作中获取职业幸福，就要知行合一，就要贵在行之。

例文解析：

文章开篇用《示子遹》中的话引出论点"知行合一，贵在行之"。然后论述作为教师应该知行合一、贵在行之，以此获得职业认同和幸福感。

【2021 年下半年小学《综合素质》真题】

阅读下面材料，根据要求作文。

一位少年，酷爱小提琴，却为不能成名而苦恼。老琴师把少年带到自家的花园里说："世上有两种花，一种花能结果，一种花不能结果，不能结果的花更加美丽，它们在阳光下开放，没有目的，只为快乐，快乐本身就是成功啊！"少年深受触动，他仍然常拉小提琴，但不再求成名，这位少年叫爱因斯坦。

综合上述材料所引发的思考和感悟，写一篇论说文。

要求：用规范的现代汉语写作，角度自选，立意自定，标题自拟，不少于 800 字。

一、审题

(一) 局限性

内容限制：作文给定材料，并综合材料引发的思考和感悟作文，就要求认真分析材料，从材料中找立意，要抓住关键词、关键句。

文体、字数限制："综合上述材料所引发的思考和感悟，写一篇论说文。"要求必须是议论文；"不少于 800 字"规定了字数要求。

(二) 开放性

文章角度灵活，"角度自选"说明可以从材料中任意选取角度。

二、解题

材料为任务驱动型作文,即从材料引发思考,所以要紧扣材料寻找中心再进行思考,抓住材料中的关键词或关键句。就材料而言,抓住主体,少年为不能成功而烦恼,老琴师帮他打消烦恼。重点在于老琴师的话,解释了"不能结果的花更美丽"的原因,即"没有目的,只为快乐,快乐本身就是成功",确定了文章的主题。

三、参考立意

1. 快乐学习。
2. 关注个性发展。

四、职业角度立意

教师要关注教学方法和教学过程,要关注学生个性发展和主动性。

 参考例文

不为彼岸只为海

迈尔康·福布斯曾说过:"到达终点很棒,但过程总是最有乐趣的部分。"老琴师说不能结果的花更加美丽,因为花儿没有目的,只有享受快乐的过程;年少的爱因斯坦也是因为认识到享受过程的乐趣,才从"为不能成名而苦恼"转变到"不再追求成名"。生活亦是如此,过程比结果更加重要!

享受过程,需要遵循事物规律,不能好高骛远。若非一番寒彻骨,哪得梅花扑鼻香?一只蛹要经过若干次的蜕变才能成为蝴蝶,正是那些艰辛才孕育了最终的灿烂。成功背后,往往是种种不为人知的坎坷过程。正如《西游记》里的师徒四人,历经九九八十一难,才最终修成正果,取得真经。而他们若想取得真经,必须经历八十一难这个过程,如果没有这个过程,唐僧师徒取经的故事一定不会流芳百世。

享受过程,需要时刻脚踏实地,勤奋努力耕耘。四季的更替是一个过程,植物的生长是一个过程,人生更是一个过程。只有经历了过程,才会实现目的;只有把握了过程,才能创造结果。历史上著名作品的完结,大多经历了一个漫长的创作过程,如曹雪芹伏案十年写就《红楼梦》,蒲松龄呕心沥血二十年创作了《聊斋志异》,而李时珍更是用了二十七年才完成了《本草纲目》。如果作者急于求得结果,又怎会忍受如此漫长的创作过程?

享受过程,需要不断改变自己,适应世界变化。新技术的发展和进步让我们的生活

变得更加方便快捷,重视过程也一定要推陈出新。四川女孩李子柒用中国传统的耕种方法找回了陶渊明"种豆南山下"的心愿,以短视频的形式开辟了中华优秀文化传播的新过程,让古老的文化在我们面前再次变得鲜活起来,并打开了中国传统文化在国际舞台上的大门,让国外友人切身体会到中华文化的博大精深。每一种文明延续的过程既需要薪火相传、代代守护,更需要与时俱进、勇于创新。

相对于结果的辉煌或黯淡,追求的过程更显其意义与价值。"不为彼岸只为海",一个只顾低头走路的人,永远领略不到沿途的风光。三毛到达生活的彼岸,是穿越沙漠过程中对生活的不断领悟与反思;贝多芬到达生活的彼岸,是失聪后用心灵碰撞黑白键过程中的顽强;凡·高到达生活的彼岸,是作画过程中生命的投入和亢奋的状态。注重过程的充实与丰富,如同明月照花,欣赏风景的同时,自己也成了风景。

例文解析:

文章引用材料开篇直接引出中心论点:"过程比结果更重要。"然后从怎样享受过程提出三个分论点进行论证,即"享受过程,需要遵循事物规律,不能好高骛远""享受过程,需要时刻脚踏实地,勤奋努力耕耘""享受过程,需要不断改变自己,适应世界变化"。最后总结"相对于结果的辉煌或黯淡,追求的过程更显其意义与价值"。文章脉络清晰,观点明确。

【2018 年上半年小学《综合素质》真题】

阅读下面的材料,写一篇文章。

当年济南老火车站被拆,是这座历史文化名城长久的痛。这一建于 100 多年前的哥特式老建筑,被誉为"20 世纪初世界上优秀的交通建筑,是当时中国可与欧洲著名火车站相媲美的建筑作品"。最近,当地媒体就复建展开新一轮调查投票,想弥补当年的遗憾。

综合上述材料所引发的思考和感悟,写一篇不少于 800 字的论说文。

要求:用规范的现代汉语写作。角度自选,立意自定,标题自拟。

 **审题**

(一)局限性

文体限制:根据要求综合材料写一篇论说文,确定了文体。

内容限制:"综合上述材料所引发的思考和感悟",这个引导语要求考生"以上述材料"作为思考和感悟的基点,脱离材料即视为偏题或跑题。

立意限制:分析材料如果很好地抓住引导语部分就能解决写作的内容。当年济南老火车站被拆,是这座历史文化名城长久的"痛",之所以说"痛"是因为这一建于 100 多年前的哥特式老建筑,被誉为"20 世纪初世界上优秀的交通建筑,是当时中国可与欧洲著名火车站相媲美的建筑作品",由此可知当年这一行为是错误的。那么,现在想弥补当年的遗憾,改正当年的错误。

（二）开放性

思考和感悟是自由的。考生要由材料发出思考和感悟,组织写作素材。

切入角度自由。由材料而考虑重建的意义、价值,也可以写不重建的原因。可以联系教育实际写材料所反映的创新、发展、以人为本等实际内容。

二、解题

材料所展现的就是对是否重建的讨论,即应该从支持、反对两个角度同时寻找所带来的历史意义、时代价值,并以此为切入点进行展开。支持重建一是当年由于没有文化保护意识,因此犯错,提出文化保护的重要性;二是可以从改正当年错误出发,提出亡羊补牢,犹未为晚,改正错误什么时候都不晚。反对重建即认为文物已经损坏,再复建就是假的,是没有必要的,只要强调文化保护意识即可。同时,也可以结合小学教师工作,无论重建与否都要从根本上解决问题——人的问题,把"老火车站"比喻成我们的学生,就发展、创新、以人为本进行考虑。

三、参考立意

文化传承、传承与创新、弥补遗憾。

四、职业角度立意

1. 教师要积极弘扬传统文化。
2. 用发展的眼光对待学生。
3. 正确对待学生,以人为本。

 参考例文

以学生为本,不留遗憾

20 世纪初世界上优秀交通建筑之一的济南老火车站被拆,代表当时对这座历史文化建筑的伤害和否定,火车站被拆就像学生被伤害和否定。然而,火车站虽然可以复建,却无法复原工艺、结构、材料,这也如同教育中的遗憾虽然可以弥补,却无法逆转时光,学生成长中受到的伤害是不可弥补的。因此,我们教师要有以人为本的学生观,才不会给学生的发展留遗憾。什么是以人为本的学生观呢?

　　把学生当作发展的人，不留遗憾。学生是发展的人意味着学生的身心发展有规律性，学生是有发展潜能的人，学生是处于成长中的人。每个学生都有发展空间，我们教师必须珍视每个学生的发展性，不给学生的发展留下遗憾。

　　把学生当作独特的人，不留遗憾。学生是独特的人意味着学生在性格、学习方式、学习基础等方面是不同的，教师要做到因材施教。蔡元培曾说过：知教育者，与其守成法，毋宁尚自然；与其求划一，毋宁展个性。正是每个学生的不同特性构成这变幻多彩的大千世界，没有不同就没有真正的和谐。我们教师必须珍视每个学生的独特性，不给学生的发展留下遗憾。

　　把学生当作独立的人，不留遗憾。学生是独立的人意味着学生是有主观能动性的人，学生是有主体需要的人，学生是责权的主体。斯宾塞说过：硬塞知识的办法经常引起人对书籍的厌恶；这样就无法使人得到合理的教育所培养的那种自学能力，反而会使这种能力不断地退步。因此，我们教师要珍视每个学生的独立性，不给学生的发展留下遗憾。

　　我们教师要以学生为本，不给学生的发展留遗憾，就要做到把学生当作发展的人，正确引导学生，而不是抑制学生的潜能；把学生当作独特的人，因材施教，而不是一刀切；把学生当作独立的人，激发学生的主观能动性，而不是万事代办。我走上教师岗位的时候，会关爱学生，保护学生的身心健康，包容学生，鼓励和引导学生。"路漫漫其修远兮，吾将上下而求索"，在成为教师这条路上，我将不停探索，坚持终身学习，早日成为优秀的教师。

例文解析：

标题"以学生为本，不留遗憾"，语言简短精练，直接突出中心。

开篇就材料提出观点，论证部分采用分论点的方式，分别从"把学生当作发展的人，不留遗憾""把学生当作独特的人，不留遗憾""把学生当作独立的人，不留遗憾"三个方面进行阐述。采用举例论证、引用论证、对比论证等方法，对中心句进行论证，最后对论点进行总结。

结尾呼应文章标题，对以上三个分论点进行总结，并阐述自己的见解。

【2018 年下半年小学《综合素质》真题】

　　阅读下面的材料，按要求作文。

　　有一种叫作"诡异谷"的现象，当机器人跟人类的样貌非常接近时，或是电脑生成的任务变得越来越逼真时，反而会给人带来一种不真实、不舒服的感觉。

　　2001 年的电影《最终幻想：灵魂深处》是有史以来第一部 CGI（纯电脑生成影像）影片，其中的人物角色全部是用人造影像合成，几乎无一例外地完美。但是，这部影片却遭到了评论界的批判和市场的失败。

　　此后，3D 动画师们学会了将不完美因素融入设计，创作出的人物也讨人喜欢。

　　综合上述材料所引发的思考和感悟，写一篇论说文。

一、审题

（一）局限性

内容限制：根据材料所说，任何一个事物都不存在绝对的完美，所以就限制了作文的内容要围绕"完美"与"缺陷"的辩证统一。

题材限制：要求是写一篇论说文，以阐发议论为主。

（二）开放性

立意开放。材料所反映内容可以联系学生发展、教学方法等。

二、解题

通过材料表现"完美"和"缺陷"是辩证统一的关系，所以作文立意可以定为世间的任何事都不会真正达到完美的程度，我们要学会容忍缺陷，学会将追求完美与容忍缺陷有机结合起来。也可以换角度来看待人生中的诸多不完美，很多"缺陷"可能在别的领域即是"完美"。

三、参考立意

1. 完美、缺憾的辩证统一。
2. 缺陷也是一种美。
3. 容忍缺陷。

四、职业角度立意

1. 接受不完美，尊重个体差异性。
2. 遵从学生发展规律。

 参考例文

拥抱幸福的缺陷

诺贝尔文学奖获得者门罗曾经说过："幸福始终充满着缺陷。"这样的幸福观启示我们，要摆正心态，奋发作为，拥抱"缺陷"。

所谓"缺陷"，意味着不完美。人生不如意之事十之八九。在现实中，成功往往与艰辛相伴，成长常常与摔跤相随，这正是生活的辩证法。"不经一番寒彻骨，怎得梅花扑鼻香。"苏轼仕途坎坷而壮心不已，诗词流芳百世；曹雪芹处境艰难仍不辍笔耕，终写就传

世经典《红楼梦》;安徒生屡遭失业而自强不息,成为"童话之父"。这些正印证了诗人郭小川的那句话:"生活真像这杯浓酒,不经三番五次的提炼呵,就不会这样可口!"

拥抱幸福的"缺陷",意味着要敢于正视缺陷。中南大学学子莫天池,出生时的一场意外让他成为终身不能站立、四肢严重痉挛的脑瘫患者。可他却凭借超人的毅力和勇气,以优异的成绩考入名校。先天的不足可怕吗? 当然! 它把一个人限定在了轮椅的方寸之地。会把人吓倒吗? 不会! 因为总有一种精神意志可以驱动前进,把生活的园地越建越大。事实证明,精神的缺陷远比肉体的缺陷更可怕,莫天池正是用他富足的精神,直面挑战,奋斗出自己的幸福。

杨朔先生曾言:"作为一个人,要是不经历过人世上的悲欢离合,不跟生活打过交手仗,就不可能懂得人生的意义。"这也启示人们,无"缺陷"未必好。在现实中,有的人看似一帆风顺,其实碌碌无为,得过且过;有的人面对困难,选择逃避,虚度年华,蹉跎岁月。正所谓:"大成若缺,其用不弊。大盈若冲,其用不穷。"生活中的苦难或逆境,磨砺着人的心智,能助人增长才干。一个人经过不同程度的锻炼,就获得不同程度的修养、不同程度的效益。好比香料,捣得愈碎,磨得愈细,香得愈浓烈。

面对"缺陷",人们的心态常分为两类:一种是积极的,他们乐观、坚强,迎难而上;一种是消极的,他们焦虑、畏缩、怨天尤人。正是不同的心态,影响着幸福。"世界以痛吻我,我要报之以歌",同样戴着眼镜观世界、看生活,有人越擦越亮,有人却越抹越黑,关键取决于"在路上"的态度、"在路口"的抉择。世界上没有无解的挫折,也没有过不去的沟坎。

这些人生路上的挫折、沟坎,从某种角度而言,见证了过去的奋斗,具有别样的光彩。习近平总书记就十分珍惜艰苦的知青岁月,从十五六岁刚来黄土地时的迷惘、彷徨,到 22 岁离开梁家河时的坚定自信,七年艰苦的上山下乡生活见证着习总书记意志的磨炼和信念的树立,成为他人生的宝贵财富。

"万物皆有缝隙,那是阳光照进来的地方。"生命是一次美丽的馈赠,幸福的人生需要坚持不懈地奋斗,让我们拥抱幸福的"缺陷"。

例文解析:

作者以"拥抱幸福的缺陷"为题,反面立意,强调缺陷是无处不在的,面对缺陷只需要一种态度,以积极的态度面对,"缺陷"也是幸福的。

【思考练习】

2019 年上半年小学《综合素质》真题:

材料 1:过草地时,饥寒交迫,一位红军战士实在撑不住了,将战友叫到身边,以微弱的声音说:"我不行了,你们继续前行,把红旗插遍全中国。"

材料2：一位老革命家晚年时，曾有人问他，参加长征最大的感受是什么，他不假思索，操着浓重的乡音说："跟着走。"

综合上述材料引发的思考和感悟，写一篇论说文，题目自拟，立意自定，观点明确，字数不少于800字。

参考文献

1. 陈果安,李作霖.文学写作教程[M].长沙:中南大学出版社,2012.

2. 周姬昌.写作学高级教程(第四版)[M].武汉:武汉大学出版社,2009.

3. 尹相如.写作教程[M].北京:高等教育出版社,2004.

4. 董小玉.现代写作教程[M].北京:高等教育出版社,2002.

5. 李佩英.应用写作实训教程(第三版)[M].北京:高等教育出版社,2015.

6. 张浩.最新办公室文秘写作必备全书[M].北京:蓝天出版社,2005.

7. 卢传梁,李润民.常用文体写作知识[M].太原:北岳文艺出版社,2014.

8. 中公版·2017国家教师资格考试专用教材:综合素质历年真题及标准预测试卷(小学)[M].北京:世界图书出版公司,2017.

9. 国家教师资格考试专用教材:历年真题汇编及全真模拟试卷·小学语文[M].北京:世界图书出版公司北京公司,2012.

10. 国家教师资格考试专用教材:综合素质[M].北京:世界图书出版公司,2012.

11. 张贵新,侯国范.新课程理念下的创新教学设计(小学语文)[M].长春:东北师范大学出版社,2002.

12. 李昌官,冯学民.文体写作与编制教案技能[M].北京:中国人事出版社,1998.

13. 徐世贵.怎样听课评课[M].沈阳:辽宁民族出版社,2000.

14. 卫晓东.国家教师资格统一考试 写作指导[M].北京:中国言实出版社,2017.

15. 谢志礼.新编写作学实战训练教程——记叙性文体写作[M].北京:北京师范大学出版社,2016.

16. 中公教育教师资格考试研究院.国家教师资格考试辅导教材综合素质高分作文[M].北京:世界图书出版公司,2018.

17. 赵晓丹.大学语文[M].天津:天津大学出版社,2018.

18. 《意林·作文素材》编辑部.意林中考满分作文与名师阅卷解析①[M].上海:上海文艺出版社,2020.

图书在版编目(CIP)数据

写作教程/赵晓丹主编. —2 版. —上海：复旦大学出版社，2023.7
ISBN 978-7-309-16439-8

Ⅰ.①写… Ⅱ.①赵… Ⅲ.①汉语-写作-高等学校-教材 Ⅳ.①H15

中国版本图书馆 CIP 数据核字(2022)第 186556 号

写作教程(第二版)
赵晓丹　主编
责任编辑/查　莉

复旦大学出版社有限公司出版发行
上海市国权路 579 号　邮编：200433
网址：fupnet@ fudanpress.com　http://www.fudanpress.com
门市零售：86-21-65102580　团体订购：86-21-65104505
出版部电话：86-21-65642845
上海丽佳制版印刷有限公司

开本 787×1092　1/16　印张 11.25　字数 246 千
2023 年 7 月第 2 版第 1 次印刷
印数 1—4 100

ISBN 978-7-309-16439-8/H·3195
定价：49.00 元